NIVEAU AVANCÉ
B2-C1

3e ÉDITION

Affaires.com
FRANÇAIS PROFESSIONNEL

Guide pédagogique

Jean-Luc Penfornis

Direction éditoriale : Béatrice Rego
Marketing : Thierry Lucas
Édition : Noëlle Rollet
Conception graphique : Griselda Agnesi
Mise en pages : Domino
Couverture : Dagmar Stahringer

© CLE International / SEJER 2017
ISBN : 978-209-038684-4

Sommaire

Introduction .... p. 5

1. Acteurs économiques .... p. 8

2. Créateurs d'entreprise .... p. 25

3. Ressources humaines .... p. 40

4. Marketing .... p. 58

5. Correspondance commerciale .... p. 77

6. Résultats et tendances .... p. 95

Grammaire .... p. 112

Les expressions de la correspondance professionnelle .... p. 116

Les expressions de la communication téléphonique .... p. 117

« Gros plans sur... » .... p. 118

Test de connaissances du monde des affaires .... p. 126

Introduction

Affaires.com est une méthode de français des affaires. Elle est destinée à tous ceux, adolescents et adultes, qui ont ou auront à communiquer dans le monde des affaires avec des francophones.

Elle s'adresse à des apprenants de niveau avancé, ayant atteint le niveau B1 du Cadre commun de référence défini par le Conseil de l'Europe. Elle couvre une centaine d'heures d'apprentissage.

Objectifs

Affaires.com entend répondre à l'attente de nombreux professeurs et étudiants qui veulent disposer d'une méthode proposant l'apprentissage de la langue des affaires de façon vivante et authentique. Ce cours doit permettre à vos étudiants de maîtriser progressivement, au niveau défini, le fonctionnement et l'usage de la langue en leur faisant acquérir savoirs et savoir-faire linguistiques et communicatifs dans les situations les plus courantes de la vie des affaires.

Ce cours prépare par ailleurs au DFP (Diplôme de français professionnel) Affaires, niveau B2 de la Chambre de commerce et d'industrie de la région Paris Île-de-France (CCI Paris Île-de-France). L'ensemble des activités et ressources proposées peut également servir à la préparation du DFP Affaires niveau C1 ainsi qu'au DELF Pro de mêmes niveaux.

Matériel

L'ensemble pédagogique comprend :
– le livre de l'élève ;
– un DVD-Rom contenant tout l'audio et les conférences vidéo ;
– un cahier d'exercices ;
– le guide pédagogique, que vous êtes en train de lire.

Organisation du cours

Le livre de l'élève contient :
– six unités thématiques regroupant chacune cinq leçons ; chaque leçon est présentée sur une double page ;
– un « Bilan des compétences », à la fin de chacune de ces six unités.

Et à la fin de l'ouvrage :
– des dossiers de simulation pour les jeux de rôle ;
– des fiches grammaticales accompagnées d'exercices ;
– des tableaux des expressions de la correspondance professionnelle et de la communication téléphonique, avec des exercices d'application ;
– six dossiers « Gros plans » portant sur un thème particulier propre à chaque unité ;
– un test de connaissances du monde des affaires ;
– la transcription des enregistrements audio et vidéo ;
– un lexique bilingue français-anglais.

Contenus

Affaires.com met en avant les actes de communication, sans toutefois négliger les contenus linguistiques.

• Contenus communicatifs

Les six unités d'*Affaires.com* sont thématiques. Elles regroupent et permettent d'acquérir les savoirs et savoir-faire essentiels pour obtenir une compétence de communication dans les affaires.

Affaires.com traite des principaux aspects de la communication professionnelle :
– La communication orale : accueillir, mener un entretien de vente, engager une conversation téléphonique, animer une réunion, etc.
– La communication écrite : principalement rédiger des courriers électroniques, l'e-mail étant devenu le moyen d'échange

principal, mais aussi rédiger des comptes rendus, des rapports, des lettres commerciales, car la lettre n'a pas totalement disparu, prendre des notes, remplir des formulaires, etc.

Les thèmes abordés au travers de ces situations de communication couvrent un vaste panorama du monde des affaires :
– L'environnement socio-économique de l'entreprise : croissance, emploi, échanges extérieurs, etc.
– L'organisation, le fonctionnement et la gestion de l'entreprise : management, personnel, communication interne, culture d'entreprise, sociétés commerciales, contrat de travail, comptabilité, financement, etc.
– Le marché de l'entreprise : étude de marché, lancement d'un produit, communication, distribution, force de vente, etc.
– Les partenaires de l'entreprise : clients et fournisseurs (offre, commande, livraison, facturation, réclamation, etc.), transporteurs, banques (compte bancaire, crédit, etc.), assurances, État, etc.

- **Contenus linguistiques**
- **– Le lexique :**

On reconnaît surtout le langage des affaires aux mots qu'il utilise. Des fiches « Ressources » expliquent dans un langage simple les termes les plus courants du monde des affaires. Elles apportent les connaissances de base du domaine étudié. Les termes du monde des affaires désignent des notions et il est nécessaire d'appréhender ces notions pour comprendre les termes. Ces fiches contiennent les termes indispensables, à ce niveau, pour pouvoir communiquer autour d'un thème déterminé. Ces termes sont repris ensuite dans le cadre de situations de communication. Les étudiants peuvent consulter le lexique bilingue français-anglais situé à la fin de l'ouvrage. Ce lexique récapitule les termes utilisés dans les leçons. Il contient principalement des termes techniques, c'est-à-dire des termes ayant un sens particulier dans tel ou tel domaine du monde des affaires.

- **– La grammaire :**

Chaque leçon contient un point de grammaire proposant un ou des exercices de grammaire de niveaux intermédiaire et avancé. La plupart de ces exercices renvoient à des explications et à des exercices complémentaires situés à la fin de l'ouvrage.

Principes méthodologiques

- **Apprentissage par paliers**

Chaque unité correspond à l'acquisition de savoirs et savoir-faire propres à une situation de communication déterminée. La leçon est présentée sur une double page en un ensemble complet et cohérent. Elle reste le module de travail et peut faire l'objet de deux ou trois séances de cours.

- **Progression**

Les unités et les leçons d'*Affaires.com* sont présentées selon une certaine **progression fonctionnelle, lexicale et grammaticale**.

Dans chaque leçon, la difficulté des activités est graduée. L'élève commence par des exercices de compréhension, pour la découverte et par le repérage d'éléments linguistiques sélectionnés, puis, progressivement, il est amené à réaliser des activités d'expression écrite et orale de plus en plus libres.

- **Systématisation des outils linguistiques**
- **– Le lexique** :

S'agissant du lexique, l'étudiant consulte d'abord la fiche « Ressources ». Il est ensuite invité à manier les mots dans diverses activités de communication, en résolvant de petits cas d'entreprise et en réalisant des tâches professionnelles. Il peut à tout moment consulter le lexique à la fin de l'ouvrage.

- **– La grammaire :**

Dans les fiches situées à la fin de l'ouvrage, les règles de grammaire sont expliquées de manière synthétique et structurée au moyen d'une terminologie métalinguistique réduite et d'exemples. Ces fiches de grammaire constituent une boîte à outils. Il y est fait des renvois explicites tout au long de l'ouvrage, mais vos étudiants peuvent également et à tout moment s'y reporter pour chercher ou vérifier un point de grammaire.

La méthode des cas : quelques suggestions

Selon cette technique, les étudiants sont confrontés à une situation concrète et problématique qu'ils doivent analyser pour aboutir à une solution. Il est recommandé de suivre les étapes suivantes :

• **Former des groupes**
De deux à quatre personnes. L'étude de cas se fait en équipes : c'est un travail collectif. L'enseignant, ou plutôt l'animateur que vous êtes, doit indiquer clairement l'objet et l'objectif de cette activité.

• **Comprendre l'histoire**
De quoi s'agit-il ? Ai-je bien compris ? C'est la découverte du cas. Chacun lit. Puis on met en commun. Avant de passer à l'étape suivante, assurez-vous que l'histoire est comprise de tous.

• **Analyser le problème, trouver des solutions**
Quels sont les problèmes ? Quelles en sont les causes ? Que faut-il faire ? Pourquoi ? Les étudiants répondent, par groupes, aux questions. Il est bien sûr préférable, mais pas indispensable, qu'ils débattent en français au sein de leur groupe. La mise en commun, en tout cas, doit se faire en français.

• **Mettre en commun**
La classe essaie de se mettre d'accord sur l'identification du ou des problèmes et sur une ou des solutions communes. L'exercice ne consiste pas à défendre son point de vue à tout prix, mais, au contraire, à s'enrichir des idées des autres. On a dix fois plus d'idées à dix que tout seul et on ne doit éprouver aucune honte à changer d'avis. Le but est de parvenir ensemble à la meilleure solution. Le but est aussi d'apprendre à travailler en groupe. Le professeur a un rôle d'animateur. Contentez-vous de gérer les temps de parole, de susciter les réactions, de résumer ce qui a été dit, d'orienter, etc. Ce n'est pas à vous, mais aux étudiants, de proposer une solution.

• **Tirer la leçon de l'histoire**
Le cas échéant, on peut dégager quelques principes qui ressortent de l'étude de cas. C'est, en quelque sorte, la morale de l'histoire.

• **Prolonger le cas**
Vous pouvez toujours prolonger un cas en modifiant l'une de ses composantes (Que se serait-il passé si... ?) ou en demandant à vos étudiants de réaliser des tâches supplémentaires (rédaction d'un rapport ou d'une lettre, jeu de rôles, etc.).

• **Évaluation des acquis**
Le « Bilan de compétences » situé à la fin de chaque unité contient quatre pages. Il permet aux étudiants de vérifier et d'évaluer leur aptitude à lire, à écouter, à écrire et à parler.

– **Lire :**
Les deux premières pages du bilan sont consacrées à la lecture. Au moyen d'exercices divers, les étudiants sont invités à vérifier leur compréhension de documents écrits de différents types : articles de presse, courriers (de vente, de réclamation, de candidature à un emploi, etc.), notes de service, annonces, curriculum vitae, résultats financiers, graphiques, etc.

– **Écouter :**
Une troisième page du bilan est consacrée aux activités d'écoute. Les étudiants écoutent un document sonore (conversation téléphonique, entretien radiophonique, témoignage, message publicitaire, reportage radiophonique, etc.), puis effectuent une tâche précise à partir de cette écoute. Tous les enregistrements sont transcrits à la fin de l'ouvrage.

– **Écrire :**
Les étudiants doivent réagir à certaines situations bien précises en rédigeant différents types de textes (lettres, rapports, comptes rendus, articles, etc.).

– **Parler :**
Pour exercer et évaluer leur aptitude à parler, les étudiants sont invités à « jouer à deux » à l'aide des dossiers de simulation situés à la fin de l'ouvrage. Ces dossiers contiennent des consignes confidentielles. Après les avoir consultés, les étudiants doivent, par groupes de deux en général, accomplir une tâche précise. Cette activité peut également être pratiquée entre le professeur, qui prend un rôle, et l'étudiant, en face-à-face ou au téléphone.

unité 1 Acteurs économiques

1. Paroles d'actifs (pages 6 et 7)

Objectifs
- Distinguer différents types de travailleurs : salariés, travailleurs indépendants, etc.
- Présenter son travail (poste occupé, tâches, difficultés, etc.)
→ Point grammaire : l'interrogation indirecte.

Activités 1, 2 et 3, page 6

Suggestions
- Les étudiants lisent la leçon du jour. Le professeur peut apporter des explications complémentaires (voir ci-dessous « Pour votre information »).
- Ils font le premier exercice individuellement. Ils comparent ensuite leurs réponses avec un collègue de classe, et tous deux essaient de s'entendre sur des réponses communes.
- Correction collective de ce premier exercice.
- Procéder de la même façon pour les activités 2 et 3.

> **Comment enrichir son lexique**
>
> Dans un encadré baptisé « Ressources » sont expliqués un certain nombre de termes propres au domaine étudié. C'est par là qu'il faut commencer. Les étudiants lisent cette fiche « Ressources ». Le professeur fournit les explications nécessaires et, si besoin, apporte du vocabulaire complémentaire. Les étudiants sont ensuite amenés à employer ces termes en réalisant des activités.
>
> Généralement, la leçon commence par un ou plusieurs exercices de vocabulaire, dont les réponses sont à découvrir dans cette fiche « Ressources ». Ces exercices permettent de s'assurer que les étudiants ont bien compris les mots de la fiche et qu'ils sont aptes à les utiliser dans différents contextes.
>
> Au cours de la leçon, les étudiants sont invités à employer ces mots dans différentes situations en réalisant des activités de plus en plus ouvertes, plus communicatives, proches de situations professionnelles authentiques.

Corrigé

Activité 1
1. *Les cadres sont des salariés* : VRAI. – **2.** *Un médecin peut travailler comme professionnel libéral ou comme salarié* : VRAI (il peut travailler dans son cabinet comme professionnel libéral et dans un hôpital comme salarié.) – **3.** *Le personnel de l'entreprise comprend des travailleurs indépendants* : FAUX. Le personnel est uniquement composé de salariés.

Activité 2
a. Léo est un travailleur indépendant.
b. Lucie n'est pas l'employeur de Léo. Elle est sa cliente.
c. Lucie est bien une salariée de Lauréade. Elle est cadre.
d. Michel n'est pas le salarié de Lucie, mais de Lauréade. C'est un employé, non un cadre.

Activité 3
Le mot correct : **artisan**.

> **Pour votre information**
>
> **Qu'est-ce qu'un salarié ?** Le salarié travaille pour le compte et sous la subordination (l'autorité) d'un employeur, en contrepartie d'un salaire. Le lien de subordination est essentiel, car c'est lui qui permet de distinguer un salarié d'un travailleur indépendant. Le salarié est placé sous l'autorité de l'employeur. Grâce à son pouvoir de commandement, l'employeur peut lui donner des ordres et le sanctionner de diverses manières : avertissement, mise à pied, rétrogradation, licenciement. Le travailleur indépendant, quant à lui, ne reçoit pas d'ordre de son client.

Pour votre information

Les employés : on utilise souvent le mot « employé » pour désigner le « salarié ». Strictement, les deux mots n'ont pas exactement le même sens : comme il est expliqué dans la fiche « Ressources », les employés effectuent un travail de bureau, sans beaucoup de responsabilités ; ils constituent une catégorie de salariés, parmi d'autres.

Les ouvriers : ce sont souvent, mais pas toujours, des salariés. Un ouvrier peut en effet travailler pour un employeur ou pour son propre compte. On distingue les ouvriers qualifiés et les ouvriers spécialisés (OS). Un ouvrier qualifié a suivi un apprentissage, souvent pendant plusieurs années. C'est le cas d'un artisan : plombier, peintre, menuisier, etc. Les OS, quant à eux, qu'il ne faut pas confondre avec des spécialistes, n'ont aucune formation. Ce sont des ouvriers non qualifiés. C'est le cas du manœuvre. Dans les pays riches, les OS sont de moins en moins nombreux, et de plus en plus souvent au chômage.

Les cadres : ils constituent une autre catégorie de salariés. Ce sont des supérieurs hiérarchiques. Il ne faut pas les confondre avec l'employeur, qui est le propriétaire de l'entreprise. On distingue plusieurs types de cadres :
– les cadres techniques, tel un ingénieur ;
– les cadres commerciaux, comme le directeur du marketing ;
– les cadres administratifs : le responsable de la comptabilité, le directeur juridique, le chef du personnel, etc.

Activité 4, page 7

Suggestions

- Les étudiants relèveront le vocabulaire utile pour présenter brièvement un *travail (je travaille comme, je m'occupe de, etc.)* et notamment un travail administratif *(mettre un document en forme, rédiger un courrier, traiter un dossier, etc.)*

Corrigé

1. *Quelle est sa fonction ?* Elle travaille comme assistante de direction trilingue.
2. *Dans quelle entreprise travaille-t-elle ?* Dans une entreprise de transport.
3. *En une phrase, dites en quoi consiste son travail.* Elle assure le secrétariat du directeur commercial et apporte un appui administratif aux autres services.
4. *Concrètement, quels types de documents rédige-t-elle ?* Elle rédige des notes de synthèses, des courriers, des rapports.
5. *En quoi consiste la logistique des réunions ?* Il s'agit de réserver les salles, de contacter les participants, de les accueillir.
6. *Quelles difficultés particulières éprouve Noémie Breton ? Pour quelle raison ?* Elle est souvent surchargée, notamment quand tout le monde a besoin d'elle en même temps.
7. *Qu'est-ce qu'elle aime dans son travail ? Pour quelle raison ?* Elle aime traiter un dossier de A à Z, c'est-à-dire du début à la fin, car elle a ainsi l'impression d'apporter sa pierre à l'édifice, c'est-à-dire d'apporter une réelle contribution à l'entreprise.

Activité 5, page 7

Suggestions

- Si les étudiants sont nombreux, ils peuvent dans un premier temps faire l'exercice 5.a par groupe de deux, en se présentant l'un à l'autre. L'activité leur permet de s'exprimer, mais aussi de faire connaissance (ou plus ample connaissance). Elle leur permet aussi de se poser mutuellement des questions et ainsi de prolonger le point de grammaire. Dans un deuxième temps, chacun peut individuellement faire une brève présentation de ses activités professionnelles (ou estudiantines) devant le groupe ou présenter son voisin.
- Pour l'hôtesse de l'air, les étudiants peuvent faire l'activité 5.b en classe par groupe de deux. Pour l'œnologue, qui est une profession plus méconnue, ils peuvent faire quelques recherches et rédiger un texte à la maison.

→ Point grammaire, page 7

Comment traiter un point de grammaire

Affaires.com s'adresse à des étudiants de niveau avancé, qui ont déjà étudié les notions grammaticales essentielles. Toutefois, afin de renforcer leurs acquis, le cours reprend la plupart de ces notions.

Le point de grammaire de chaque leçon peut être traité en trois étapes :
1. Les étudiants font le ou les exercices proposés dans l'encadré de la leçon
2. Ils prennent connaissance de la règle de grammaire située à la fin de l'ouvrage, avec l'aide du professeur.
3. Ils font les exercices de la fin de l'ouvrage.

Ces étapes peuvent être placées dans des ordres différents, car il existe évidemment de nombreux itinéraires possibles. Le professeur doit choisir le plus adapté à sa classe, à son type d'enseignement, à la situation. Par exemple, si les étudiants ont encore un bon souvenir du point de grammaire, ils feront d'abord l'exercice proposé dans l'encadré. Mais, si leur souvenir est imprécis, ils peuvent commencer par prendre connaissance de la règle à la fin de l'ouvrage, le professeur apportant à ce moment des explications complémentaires, puis ils font le ou les exercices proposés dans l'encadré, ainsi que ceux de la fin de l'ouvrage.

Corrigé
Proposition

2. Dans quel type d'entreprise travaillez-vous ? – **3.** Depuis combien de temps travaillez-vous dans cette entreprise ? – **4.** Quelle est votre fonction ? – **5.** En quoi consiste votre travail ? – **6.** Éprouvez-vous des difficultés particulières ? – **7.** Qu'est-ce que vous aimez dans votre travail ? / Qu'est-ce qui vous plaît dans ce travail ?

2. Diversité des entreprises (pages 8 et 9)

Objectifs
- Identifier l'entreprise et le rôle de l'entreprise.
- Distinguer différents types d'entreprise (selon le secteur, la taille, le chiffre d'affaires, etc.).
→ Point grammaire : l'article indéfini *des*, la préposition *de*, les quantitatifs.

Activités 1 et 2, page 8

Suggestions
- Les étudiants lisent la fiche « Ressources » et font les activités 1 et 2 à deux, d'abord sans l'aide du professeur. Ils essayent de s'entendre avec un collègue de classe sur des réponses communes.
- Avant de corriger, le professeur explique la fiche « Ressources », en développant certains points (voir ci-dessous « Pour votre information »).
- Correction collective des deux exercices.

Corrigé
Activité 1

1. *Une entreprise produit-elle toujours des biens matériels ?* Non, nombre d'entreprises produisent des services (biens immatériels).

2. *Quel est le but de l'entreprise ? D'après vous, est-ce le seul but ?* L'entreprise privée a un but lucratif, du moins du point de vue des actionnaires, qui cherchent à maximiser leurs profits. Certaines grandes entreprises, dont la politique peut avoir des conséquences sur l'ensemble de la société, ont également des objectifs d'ordre social : des conditions de travail généreuses pour les salariés, la protection de l'environnement, etc. Mais, dans tous les cas, l'objectif économique, qui est de gagner de l'argent, est primordial. Pour les entreprises publiques (qui appartiennent à l'État), le premier objectif est de rendre un service public (tel le transport public), et non pas de réaliser un profit.

3. *Qu'est-ce qui différencie une entreprise d'une association ?* Une association n'a pas de but lucratif, bien qu'elle puisse vendre ses services, employer et rémunérer des salariés, etc. Une association ne dégage pas de profit, ses ressources servent ou devraient servir à financer ses dépenses.

4. *Quels sont les deux facteurs de production de l'entreprise ?* Le travail (apporté par les travailleurs) et le capital (apporté par les capitalistes).

5. *La farine de blé du boulanger est-elle un bien de production ?* Oui, c'est une matière première qui lui sert à produire le pain qu'il vend.

6. *Pourquoi Michelin, entreprise bien connue pour ses guides touristiques, n'appartient-elle pas au secteur de l'édition ?* Parce que l'édition n'est pas son activité principale.

unité 1

Activité 2
- Le salarié : « C'est là où je travaille... »
- Le propriétaire du capital, tel un actionnaire (qui détient des actions d'une société de capitaux) : « Si l'entreprise fait des bénéfices, je reçois... ».

> **Pour votre information**
>
> **Comment distinguer l'entreprise, l'établissement, la société.**
> - Pendant longtemps, le mot « entreprise » a été ignoré. On parlait du « patron », non pas du « chef d'entreprise ». Dans les années 1970, on a mieux compris que le développement de l'activité économique et des conditions de vie dépendait beaucoup des entreprises.
> - Le mot « entreprise » a des synonymes : la firme, l'exploitation, la compagnie.
>   - La « **firme** », un terme des économistes classiques (fin xixe siècle), encore utilisé aujourd'hui, est plutôt réservé aux grandes entreprises.
>   - Le mot « **exploitation** » est surtout utilisé pour désigner les entreprises du secteur primaire : exploitation agricole, exploitation minière, exploitation vinicole, etc.
>   - Le mot « **compagnie** » est utilisé dans des cas limités : on parle de compagnie d'assurances et de compagnie de transport (compagnie aérienne, maritime, etc.).
> - Une grande entreprise a généralement plusieurs établissements : usines, agences, magasins, boutiques, etc.
> - Le mot société est un terme juridique. Pour désigner une même entité, un économiste dira « entreprise » et un juriste parlera de la société.

Activité 3, page 8
Suggestions
- Les étudiants font l'exercice individuellement.
- Correction collective.

Corrigé
[...] de grandes **exploitations agricoles** produisant des tonnes de blé [...] des **grands magasins** très chics, comme les Galeries Lafayette [...] des **hôtels cinq étoiles** à côté de petites auberges [...] des **constructeurs automobiles** employant des milliers d'ingénieurs [...] des **compagnies aériennes** transportant chaque jour [...]

→ Point grammaire, page 8
Corrigé
1. Il y a *de* nombreuses [...] très peu *de* grandes entreprises. – **2.** Je connais *des* entreprises [...] aussi *de* mauvaises entreprises. – **3.** Cette entreprise vend *des* dizaines *de* produits différents [...] la plus grande part *de* son chiffre d'affaires [...] – **4.** Elle emploie plusieurs milliers *de* salariés dans *des* pays divers.

> **Pour votre information**
>
> Ce point de grammaire traite des expressions de quantité et de l'article indéfini au pluriel :
> - les expressions de quantité sont suivies de « de » (ou « d' ») + nom : un millier d'entreprises, beaucoup de pays, etc.
> - l'article indéfini « des » devient « de » (ou « d' ») devant un nom précédé d'un adjectif. Autrement dit : « des » → « de » (ou « d' » + voyelle) + adjectif + nom.

Activité 4, page 9
Suggestions
- Préciser le sens de certains mots de la consigne : *industriel, commercial, artisanal, de services* (voir ci-dessous « Pour votre information »).
- Après avoir fait l'exercice les étudiants peuvent dire ce qu'ils savent de ces différentes entreprises. Connaissent-ils d'autres entreprises appartenant à ces différents secteurs ?

Corrigé

- Carrefour, entreprise commerciale (achat et revente de biens sans transformation), appartient au secteur de la (grande) distribution.
- Michelin, entreprise industrielle (transformation et fabrication de biens destinés à la vente), appartient au secteur de l'équipement automobile.
- Nestlé, secteur industriel, secteur agro-alimentaire.

> **Pour votre information**
>
> On peut distinguer les entreprises selon leur activité :
> – L'entreprise agricole transforme le milieu naturel.
> – L'entreprise industrielle transforme et fabrique des biens, en utilisant des moyens de production importants. Ex. : entreprise automobile, pétrolière, sidérurgique, etc.
> – L'entreprise artisanale produit des biens et des services. L'artisan travaille pour son propre compte. Il exerce une activité manuelle. Ex. : plombier, menuisier, boulanger, etc.
> – L'entreprise commerciale achète et vend des biens sans les transformer. Ex. : épicerie, supermarché, grand magasin, etc.
> – L'entreprise de services vend des biens immatériels : voyage, assurance, transport, etc.

Activité 5, page 9

Suggestions

- S'assurer que les étudiants comprennent toutes les mentions de la fiche d'identité. Ils ne devraient pas confondre, par exemple, « lieu d'implantation » et « étendue du marché ». Ainsi, une entreprise peut produire dans un seul pays et vendre dans le monde entier.
- Les étudiants font l'exercice a en classe et individuellement. Puis correction collective.
- Les étudiants font l'exercice b à la maison. Cet exercice écrit, peut ensuite faire l'objet d'une brève présentation orale.

FICHE D'IDENTITÉ

- *Nom de l'entreprise :* Michelin
- *Secteur d'activité :* équipement automobile
- *Effectifs :* 130 000 personnes
- *Chiffre d'affaires :* 400 millions d'euros
- *Siège social :* Clermont-Ferrand (France)
- *Lieux d'implantation :* 80 sites de production répartis dans une vingtaine de pays
- *Étendue du marché :* mondiale (présence commerciale dans 170 pays, 20 % du marché mondial, 47 % du chiffre d'affaires en Europe, 40 % en Amérique, 13 % sur les autres continents)
- *Autres caractéristiques :* l'entreprise, créée en 1889, produit 785 000 pneus par jour.

Jouez à deux, page 9

Comment jouer à deux

À la fin de certaines leçons, et à la fin de tous les bilans de compétences, les étudiants sont invités à s'exprimer oralement, en jouant à deux. Pour cela, ils doivent utiliser les dossiers de simulation situés à la fin de l'ouvrage.

Ces dossiers contiennent des consignes confidentielles. Après les avoir consultés, les étudiants accomplissent, par groupes de deux en général, une tâche précise (si la classe est en nombre impair, il faudra former un groupe de trois personnes, et deux joueurs consulteront le même dossier). Les consignes doivent rester confidentielles jusqu'à la fin du jeu : c'est une activité d'expression orale, et les joueurs ne doivent pas communiquer autrement qu'oralement. Cet exercice peut durer de 10 à 30 minutes, selon la tâche à accomplir.

L'exercice peut également être pratiqué entre le professeur, qui prend un rôle, et l'étudiant, en face-à-face, ou au téléphone.

Affaires.com ne demande pas aux étudiants de s'imaginer dans une situation qui pourrait survenir en dehors de la classe, ni d'assumer un autre rôle que le leur. Les simulations sont constituées d'activités orientées sur des problèmes qu'ils doivent résoudre à deux, en conservant leur identité.

Affaires.com propose des exercices variés, de façon à pouvoir pratiquer différentes aptitudes de la production orale. Ainsi, par exemple, les étudiants sont amenés à répondre à des questions, mais aussi à en poser eux-mêmes, à formuler des opinions et à exprimer leurs propres idées.

Le rôle du professeur est principalement de s'assurer que les consignes sont comprises et respectées. Il ne doit pas trop intervenir dans la communication, ni pour corriger les fautes, ni pour imposer sa façon de faire. La tâche est précise, mais elle peut être réalisée de multiples façons. Pendant le jeu, les étudiants agissent comme ils l'entendent, en utilisant les « moyens du bord », et notamment les moyens linguistiques dont ils disposent. Il est évidemment impératif que les joueurs s'expriment tout du long en français.

Corrigé

Carrefour

Carrefour est un groupe français, numéro 4 mondial de la grande distribution, l'américain **Wal-Mart** étant de loin le premier. Le premier magasin Carrefour ouvre en *1963*. Aujourd'hui, il existe à peu près **10 000** magasins Carrefour répartis dans une **trentaine** de pays en Europe, en Asie et en Amérique. Le groupe Carrefour emploie près de **480 000** personnes dans le monde dont **280 000** en France. Il réalise un chiffre d'affaires annuel de **80 milliards** d'euros.

3. Établissements de crédit (pages 10 et 11)

Objectifs
- Repérer des informations dans une lettre commerciale.
- Examiner la mise en page d'une lettre professionnelle.
- Répertorier les services bancaires.
- Discuter du rôle des banques.
- Composer le titre d'un article de presse.
- Point grammaire : les pronoms compléments *le, la, lui*.

Activité 1, page 10

Suggestions
- Cette activité porte autant sur la lettre que sur les services de banque. Cette lettre modèle de la banque Azur permettra d'expliquer les principales règles de rédaction et de présentation d'une lettre professionnelle. En pratique, la mise en page varie souvent d'une entreprise à l'autre. Mais on peut s'entendre sur quelques règles de base. Il n'est pas difficile d'écrire une lettre professionnelle, à condition toutefois :
  - de respecter certaines règles de présentation ;
  - d'utiliser les formules adéquates ;
  - de disposer les informations de manière ordonnée.
- De la lettre de la banque Azur, on peut tirer les conseils suivants :
  - *Utiliser une feuille blanche*. En France, en principe, on écrit une lettre sur une feuille blanche, de format A4.
  - *Écrire un texte « aéré »*. Il faut écrire une lettre aérée, en faisant des marges, et respecter un certain équilibre, en faisant en sorte de disposer les informations sur toute la page (au lieu, par exemple, d'écrire un texte serré dans le haut de la page et de laisser un grand espace blanc en bas).
  - *Placer les informations au bon endroit*. La disposition des informations à un endroit précis de la page permet au destinataire de repérer d'un coup d'œil les premières informations : nom de l'expéditeur, lieu, date, objet, etc.

- Organiser les informations :
- On explique ce qui s'est passé.
- On dit ce qu'on a à dire : on écrit généralement soit pour informer soit pour formuler une demande.
- On conclut (Ex. : « Nous restons à votre disposition pour toute information complémentaire »).
- On salue.

Corrigé

a. Vrai ou faux ?

1. *L'expéditeur dirige la Banque Azur* : FAUX. Martin Perruchon, le signataire de la lettre, est directeur d'une agence, et non pas directeur de la banque.

2. *L'adresse du destinataire est écrite sans ponctuation* : VRAI.

3. *Le lieu et la date sont écrits en haut, au-dessus du nom du destinataire* : FAUX. Ils sont écrits sous le nom du destinataire.

4. *Dans la date, le nom du mois commence par une lettre majuscule* : FAUX.

5. *Il y a une pièce jointe à la lettre* : VRAI. Une convention de compte est jointe à la lettre.

6. *Le titre de civilité (« Chère Madame ») est suivi d'une virgule* : VRAI.

7. *Le mot du premier paragraphe commence par une lettre minuscule* : FAUX (bien que le mot suive une virgule).

b. La phrase la plus importante : « Vous trouverez ci-joint la convention de compte, que nous vous demandons de bien vouloir nous retourner signée. » Cette phrase exprime une information et une demande.

> **Pour votre information**
>
> On écrit encore quelques lettres. La rédaction d'une lettre professionnelle se fait à l'intérieur d'un cadre rigide. Il est risqué de laisser libre cours à son imagination, aussi bien dans la manière de présenter sa lettre que dans le choix des mots, du discours. Comme on soigne sa tenue vestimentaire lors d'un rendez-vous professionnel, on doit, de la même façon, soigner la présentation d'une lettre. C'est elle qui donne la première impression, et cette première impression a une influence déterminante sur le destinataire. Bref, le premier regard du lecteur a son importance et une lettre doit d'abord être – tout simplement – agréable à regarder. Par ailleurs, il vaut mieux reprendre les formules « toutes faites » de la correspondance professionnelle (voir pages 114 et 115 du livre de l'élève) et se garder d'inventer sa propre formule.
>
> En France, en principe, l'expéditeur, si c'est une entreprise, est tenu d'indiquer :
> - sa forme juridique (la banque Azur est une SA – une société anonyme) ;
> - le montant de son capital social (dans le cas de la banque Azur : 1 484 523 922 €.) ;
> - son numéro d'immatriculation au Registre du commerce et des sociétés (RCS), qui est en France l'administration auprès de laquelle les sociétés doivent déclarer leur existence (voir page 28 du livre de l'élève). Ce numéro est, en quelque sorte, le numéro d'identité de la société et doit être porté sur ses documents (la banque Azur est immatriculée au Registre de Paris, sous le numéro 962 042 449).

Activité 2, page 11

Suggestions

- Les étudiants font l'exercice individuellement.
- Correction collective.
- Cette activité permet de découvrir quelques termes de base propres au monde bancaire. Dans la définition de la convention de compte, repérer les « mots de la banque » : *ouverture et clôture d'un compte, compte de dépôt, moyens de paiement, chèques, cartes bancaires, incidents de paiement, taux d'intérêt, découvert,* etc.

Corrigé

Les trois autres mots à supprimer : **fabrication, grèves, imprimante**.

Activité 3, page 11

Suggestions

- Lire la fiche « Ressources », en apportant des informations complémentaires (voir ci-dessous « Pour votre information »)
- L'exercice peut être fait collectivement.

unité 1

- Les étudiants font l'exercice b par groupe de deux ou trois.
- Correction collective.

Corrigé

a. Pourquoi le titre n'est pas satisfaisant :

– Il ne résume pas l'article.

– C'est un titre creux, qui n'apporte aucune information.

– Il ne donne pas envie de lire l'article.

b. *Proposition*

Titre : Que font donc les banques ?

> ### Pour votre information
>
> **Qu'est-ce qu'un bon titre ?**
>
> L'écriture journalistique nous enseigne ce qu'est un bon titre.
>
> **1. Un bon titre résume l'article.** D'où la nécessité de l'écrire au dernier moment, une fois que vous avez écrit votre texte.
>
> **2. Un bon titre apporte une information.** Il ne se contente pas de définir le cadre d'un sujet. Il va plus loin : il en donne le contenu. N'écrivez pas de titre creux, tel que : « Le cours du pétrole ». Écrivez plutôt : « Le pétrole termine en hausse à New York ». Pour être lus, les journalistes écrivent toujours des titres informatifs. Ils n'écrivent pas de titres creux ou de titres qui ne signifient rien si on ne lit pas l'article qui vient en dessous. La plupart des gens ne lisent pas l'article, ils lisent seulement le titre.
>
> **3. Un bon titre est écrit simplement :** il est facile à comprendre. Évitez les titres astucieux : jeu de mots difficiles, allusions littéraires ou autres obscurités. Le titre doit être clair, immédiatement compris, les lecteurs de journaux ne s'arrêtent pas pour déchiffrer un titre obscur.
>
> **4. Un bon titre est une accroche**, il donne envie de lire l'article. Dans un journal, on lit les titres et après, quelquefois, les articles, certains articles. Le lecteur se détermine à lire sur la foi du titre. Pour éveiller l'intérêt personnel du lecteur ou sa curiosité, les journalistes utilisent souvent :
>
> – *le paradoxe* : « Comment *rater* son entretien d'embauche »
>
> – *des questions précises* : « Quel est l'avenir de… ? » « Quel est le secret de… ? » « Comment faire pour… ? »
>
> – *des nombres* : « Les deux soucis du ministre de l'Économie »
>
> – *les deux-points de ponctuation* (:) : « Le déficit de la balance commerciale de la France est dû à l'augmentation des importations » est un titre lourd. Préférez : « France : les importations responsables du déficit de la balance commerciale ».
>
> – *des titres longs*, car la longueur peut être une bonne accroche : « Comment réussir dans les affaires avec une intelligence moyenne et sans jamais se fatiguer »

→ Point grammaire, page 11

Corrigé

1. La banque envoie une lettre à son client et *le* remercie de l'avoir choisie. – **2.** Elle *lui* envoie la convention. – **3.** Elle *lui* facture des frais de gestion. – **4.** Elle *l'*informe sur les tarifs. – **5.** Elle *lui* accorde un découvert. – **6.** Elle *lui* prélève des intérêts.

4. Défense du consommateur (pages 12 et 13)

Objectifs

- Comprendre la notion (économique) de besoin.
- Découvrir un mode de consommation : la consommation collaborative.
- Vérifier la bonne orthographe d'un texte.
- Identifier les droits du consommateur.

- Examiner et utiliser les expressions les plus usuelles de la correspondance commerciale.
- Rédiger une lettre de réclamation.

→ Point grammaire : les pronoms relatifs simples ; les mots de liaison *or, mais, donc, en conséquence, sinon*.

Activité 1, page 12

Suggestions

- Les étudiants lisent la leçon du jour et font l'activité, individuellement, sans l'aide du professeur.
- Correction collective de l'exercice. Développer certains points (voir ci-dessous « Pour votre information »).

Corrigé

2. Comme les consommateurs ne sont jamais satisfaits, les besoins sont ***illimités***. – **3.** Les consommateurs ne peuvent pas satisfaire tous leurs ***besoins***. – **4.** Les besoins d'un individu ***varient / sont variables*** d'un pays à l'autre.

> **Pour votre information**
>
> Les besoins sont illimités alors que les biens, eux, existent en quantité limitée, et nous devons faire des choix. Le rôle de l'économiste consiste précisément à nous aider à choisir. Faut-il, par exemple, construire une école *ou* un hôpital *ou* une autoroute ? L'économiste conseille le responsable politique ou le dirigeant d'entreprise, mais il n'est pas toujours (souvent ?) écouté. L'économie ne serait d'aucune utilité dans un monde où les biens existeraient en quantité illimitée.

Activité 2, page 12

Suggestions

- Cette activité peut être faite et corrigée en groupe.
- Elle peut être prolongée avec l'article de la page 87 (du livre de l'élève), qui aborde le même thème sous un angle différent.

Corrigé

1. *Qu'est-ce que la consommation collaborative ?* – Un mode de consommation qui s'appuie sur des organisations en réseaux via des plateformes Internet.
2. *Qui sont les concurrents de Blablacar ?* – Les compagnies de transport terrestre, routier et ferroviaire.
3. *Quels sont les avantages de Blablacar par rapport à ses concurrents ?* – L'article (Loïc) en cite deux : c'est moins cher que le train et c'est un moyen de rencontrer des gens.

→ Point grammaire, page 12

Corrigé

1. Voilà le magasin ***où*** je fais mes courses. – **2.** C'est quelqu'un ***qui*** gagne dépense beaucoup d'argent. – **3.** C'est une époque ***dont*** je me souviens bien. – **4.** Tu as trouvé le livre ***que*** tu cherchais ? – **5.** C'est un commerçant ***dont*** j'apprécie l'honnêteté. – **6.** Tu penses à ***quoi*** ? À ton travail ? – **7.** Tu viens avec ***qui*** ? Avec Pierre ? – **8.** C'est exactement ce ***dont*** nous avons besoin. – **9.** Dites-moi ce ***que*** vous cherchez. – **10.** Je ne sais pas ce ***qui*** vous intéresse. – **11.** Il a acheté un fauteuil ***que*** je trouve très confortable. – **12.** Les jours ***où*** elle ne travaille pas, elle fait les magasins.

Activité 3, page 13

Suggestions

- Les étudiants font les exercices a et b à deux. En cas de besoin, donner des pistes (adjectif démonstratif et adjectif possessif, infinitif et participe passé, futur simple et conditionnel présent, etc.)
- Correction collective. Corriger les fautes d'orthographe de l'exercice a en rappelant les règles grammaticales. Avec l'exercice b, discuter du pouvoir et des excès de la publicité, de la défense des consommateurs, du rôle des associations de consommateurs, etc.

Corrigé

a. Quelles fautes d'orthographe ?
– Premier message : ~~ces~~ *ses* magasins, ~~j'arrivai~~ *j'arrivais* trop tard, ~~cette~~ *cet* appareil
– Deuxième message : ~~se~~ *ce* genre de pratique, inutile de ~~dépensé~~ *dépenser*, je te conseille d'~~allé~~ *aller*
– Troisième message : ne vous ~~laisser~~ *laissez* pas faire, ~~j'écrirai~~ *j'écrirais* une lettre, je le ~~menacerai~~ *menacerais*

b. Que faire à la place de Hugo Léger ?

unité 1

Proposition

Nous conseillerons à Hugo Léger soit de suivre les conseils de Juliette, à savoir d'acheter le produit dans un autre magasin, soit de s'adresser à une association de consommateurs, dont la mission est de conseiller et d'aider les consommateurs à régler leurs litiges, à l'amiable ou par des actions en justice. Hugo Léger pourrait aussi laisser un avis sur les réseaux sociaux ou les forums ouverts sur les sites des associations de consommateurs.

> ### Pour votre information
>
> #### Les associations de consommateurs
> Il est difficile à un consommateur isolé d'entamer seul des poursuites judiciaires. Il a intérêt à s'adresser à une association de consommateurs. En France, lorsque plusieurs consommateurs ont subi des préjudices individuels, causés par le fait d'un même professionnel, ils peuvent mandater une association de consommateurs pour agir en leur nom devant les juges.
>
> #### La publicité mensongère
> Pour éviter de tomber sous le coup de la publicité mensongère, les entreprises commerciales proposent des promotions limitées dans le temps ou dans les quantités proposées.

Activité 4, page 13

Suggestions
- Les étudiants font l'exercice a en classe et individuellement.
- Correction collective.
- Relever les mots de liaison contenus dans la lettre : *or, en conséquence, dans le cas contraire*. Ces mots ou expressions, fréquents dans ce type d'écrits, font ressortir la structure du texte. Les étudiants connaissent-ils d'autres mots de liaison ?
- Remarquer l'ordre dans lequel sont présentées les idées :
    1. On raconte ce qui s'est passé.
    2. On explique le problème.
    3. On formule la demande.
    4. On justifie cette demande.
    5. On menace.
    6. On conclut.
    7. On salue.
- Étudier les expressions de la correspondance professionnelle et faire les exercices des pages 114 et 115 du livre de l'élève (dont les corrigés se trouvent à la page 116 de ce guide pédagogique).
- Les étudiants font l'exercice b à la maison. Ils doivent rédiger le mail en commençant chaque paragraphe comme indiqué dans le modèle et en utilisant des expressions de la correspondance professionnelle.

Corrigé
Proposition

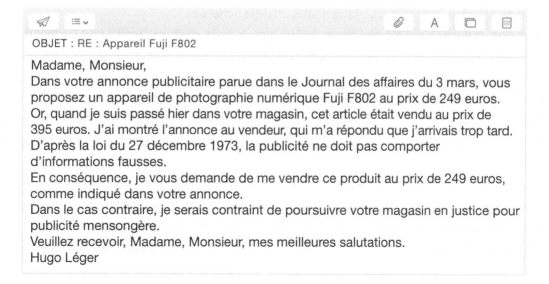

OBJET : RE : Appareil Fuji F802

Madame, Monsieur,
Dans votre annonce publicitaire parue dans le Journal des affaires du 3 mars, vous proposez un appareil de photographie numérique Fuji F802 au prix de 249 euros. Or, quand je suis passé hier dans votre magasin, cet article était vendu au prix de 395 euros. J'ai montré l'annonce au vendeur, qui m'a répondu que j'arrivais trop tard. D'après la loi du 27 décembre 1973, la publicité ne doit pas comporter d'informations fausses.
En conséquence, je vous demande de me vendre ce produit au prix de 249 euros, comme indiqué dans votre annonce.
Dans le cas contraire, je serais contraint de poursuivre votre magasin en justice pour publicité mensongère.
Veuillez recevoir, Madame, Monsieur, mes meilleures salutations.
Hugo Léger

> **Pour votre information**
>
> - **Un courrier professionnel doit être structuré.** Il ne faut pas vouloir tout dire à la fois, mais dire les choses les unes après les autres, dans un certain ordre, avec précision, et sans se répéter.
> - Voici quelques mots de liaison fréquemment utilisés dans la correspondance professionnelle :
>   - Pour ajouter : de plus, en outre, aussi, également.
>   - Pour dire pourquoi : *en effet*.
>   - Pour présenter une conséquence : *donc, en conséquence, par conséquent*.
>   - Pour opposer des idées, des faits : *toutefois, or*. « Or » s'utilise souvent pour soutenir une démonstration en trois parties :
>   1. J'informe ;
>   2. J'introduis une concession ou une restriction avec « or » ;
>   3. Je fais un commentaire (« en effet... ») ou je tire une conséquence (« en conséquence... »).
> - **Un courrier professionnel doit être précis.** On dira qu'il est suffisamment précis si les informations transmises permettent au destinataire d'agir sans qu'il ait besoin d'explications supplémentaires. Dans les écrits professionnels, la précision se traduit souvent par l'indication de dates et de chiffres. *Ex.* : « Nous avons bien reçu ce jour votre facture n° 564 du 3 mars. » Dans le mail d'Hugo Léger, il convient donc de préciser la date de la publication de l'annonce, la date de sa visite au magasin, la date de la loi sur la publicité mensongère, le prix de l'appareil en promotion, et le prix de ce même appareil dans le magasin.

Activité 5, page 13

Suggestions

- Les étudiants s'entendent à deux sur des réponses communes.
- Correction collective.

Corrigé

Proposition

1. *D'une façon générale, nous consommons de plus en plus* : globalement (d'une façon générale), c'est VRAI. Le pouvoir d'achat des consommateurs a considérablement augmenté, notamment ces dernières décennies, et il continue à augmenter. Toutefois, il existe de grandes disparités d'un pays à l'autre et selon les individus. Remarquons aussi qu'une large partie de la population mondiale n'a tout simplement pas les moyens de consommer (près d'un milliard d'individus dans le monde vit avec moins de deux euros par jour).
2. *Nous avons plus de besoins aujourd'hui qu'il y a cinquante ans* : VRAI, car la définition économique du besoin englobe non seulement les besoins vitaux (se nourrir, se loger), mais aussi les besoins secondaires (ou de confort). Aujourd'hui, nous consommons plus de loisirs qu'il y a cinquante ans, du moins – faut-il le préciser – dans les pays riches. Ce type de dépense va de pair avec l'augmentation de la richesse.
3. *Les jeunes ont plus de besoins que les personnes âgées* : globalement, c'est VRAI. Mais il faut surtout remarquer que les jeunes et les personnes âgées ont des besoins différents. Par exemple, les personnes âgées consomment davantage de services de santé.
4. *La publicité crée des besoins et pousse à la consommation* : c'est plutôt VRAI, même si certains spécialistes du marketing prétendent que la publicité ne crée pas de besoins, mais ne fait que répondre à des besoins préexistants. En tout cas, on peut dire au moins que la publicité et, d'une façon plus générale, le marketing créent un environnement propice à la consommation.
5. *Les inégalités de revenus sont inévitables et même nécessaires* : plutôt VRAI, du moins en ce qui concerne le caractère inévitable de ces inégalités. De tout temps et en tout lieu, la richesse a été mal répartie et cette inégalité semble donc inévitable. Est-elle pour autant nécessaire ? Oui, diront certains, car elle rémunère, voire récompense, une contribution sociale (par le travail, notamment). Encore faut-il que ces inégalités restent dans des limites raisonnables.

unité 1

5. Rôle de l'État (pages 14 et 15)

Objectifs
- Distinguer les missions de l'État.
- Évaluer l'intervention de l'État.
- Identifier les ressources de l'État.
- Évaluer la politique fiscale

→ Point grammaire : la forme passive.

Activités 1 et 2, page 14

Suggestions
- Les étudiants lisent la leçon du jour individuellement, puis s'entendent à deux sur des réponses communes.
- En corrigeant l'exercice 1, développer certaines notions figurant dans la fiche « Ressources » (voir ci-dessous « Pour votre information »).
- Correction collective après chaque exercice.

Corrigé

Activité 1

2. Les hôteliers affrontent la **concurrence** des sites comme Airbnb. – **3.** Dans la plupart des pays de l'OCDE, l'impôt sur le revenu est **prélevé** à la source. – **4.** Les allocations familiales et d'autres **prestations** sociales seront revalorisées. – **5.** Les syndicats s'opposent à la réforme du **droit du travail**. – **6.** Pour ranimer la croissance le gouvernement prépare un nouveau **plan de relance**.

Activité 2

2. *Il gère des musées, théâtres, bibliothèques* : service public. – **3.** *Il adopte des mesures de rigueur pour équilibrer les finances publiques* : réglementation. – **4.** *Il entretient les routes* : service public. – **5.** *Il accorde des bourses d'études* : redistribution. – **6.** *Il interdit les ententes entre entreprises* : réglementation.

Activité 3, page 14

Suggestions
- Les étudiants s'entendent à deux sur des réponses communes.
- Correction collective. Cette activité est l'occasion de débattre du rôle de l'État. Dans quels domaines l'État doit-il intervenir ? Dans quels domaines doit-il rester à l'écart ? L'État est-il efficace ? Pourquoi ne le serait-il pas ? Comment peut-il l'être ? Vit-on mieux avec moins d'État ?

Corrigé

Proposition

1. *L'État doit subventionner (aider) les entreprises en difficulté.* En principe, les lois du commerce international, d'inspiration libérale, ne le permettent pas. De même, le droit de l'Union européenne interdit les aides d'État aux entreprises. Les subventions faussent la concurrence, et les États n'ont pas le droit de privilégier leurs entreprises nationales au détriment des entreprises étrangères. En revanche, de nombreux secteurs sensibles, économiquement ou politiquement, sont subventionnés. C'est le cas en Europe de l'agriculture, par exemple.

2. *Verser des indemnités aux chômeurs.* Dans certains pays, les chômeurs peuvent recevoir une aide, à certaines conditions. Dans ces pays, le chômeur est considéré comme une victime de la conjoncture économique. Dans d'autres pays, l'État est moins riche ou moins généreux envers les chômeurs. L'État encourage-t-il la paresse en versant des indemnités aux chômeurs ?

3. *Construire des écoles et des hôpitaux.* On considère en principe – et en théorie – que l'éducation et la santé sont des services publics, à la charge de l'État.

4. *Entretenir une armée.* Les pacifistes ne le jugeront pas nécessaire. Mais, dans le monde, ils sont minoritaires et les marchands d'armes font de belles affaires.

5. *Fixer un salaire minimum garanti.* Oui, à moins de considérer que le travail soit une marchandise comme une autre, dont le prix est fixé librement par le marché. Faut-il permettre à un employeur d'embaucher un salarié pour un salaire misérable ? Non sans risque d'augmenter les inégalités et de menacer la paix sociale (montée de la criminalité).

6. *Se charger du transport ferroviaire.* Le transport ferroviaire doit-il être considéré comme un service public ? Un service public doit-il être nécessairement rendu par une entreprise publique (une entreprise qui appartient à l'État) ? Au Japon, le transport ferroviaire, service public, a été confié à plusieurs entreprises privées, et il fonctionne. Les Britanniques ont fait de même. En France, la SNCF (Société nationale des chemins de fer) est une entreprise publique. Les trains roulent, certes, mais ils coûtent cher au contribuable.

→ **Point grammaire, page 14**

Corrigé
Exercice 1

La phrase au passif est : « Cette entreprise est subventionnée par l'État. »
Les trois autres phrases sont à l'actif.
« Le ministère des Finances est installé à Bercy. » : « installé » a valeur d'adjectif.
« Le président s'est déplacé en métro. » « Le Conseil des ministres s'est réuni mercredi matin. » : « se déplacer » et « se réunir » sont des verbes pronominaux, au passé composé.

Exercice 2

1. Les fonctionnaires sont payés par l'État. – 2. Les fonctionnaires étaient payés par l'État. – 3. Les fonctionnaires ont été payés par l'État. – 4. Les fonctionnaires seront payés par l'État. – 5. Les fonctionnaires vont être payés par l'État.

Exercice 3

1. Des services publics sont rendus par l'État. – 2. La TVA est collectée par les commerçants. – 3. Un léger déficit était prévu par les experts. – 4. Un salaire minimum va être fixé par l'État. – 5. La construction de cette école a été financée par l'État.

Activités 4 et 5, page 15
Suggestions
- Les étudiants font les exercices à deux.
- Correction collective. Ces activités sont l'occasion de débattre du rôle et des effets de la fiscalité.

Corrigé
Activité 4

1. *De quoi sont constitués les prélèvements obligatoires ?* De tout ce que les administrations publiques, nationales et locales, prélèvent au moyen de tous les impôts, taxes, cotisations sociales.
2. *Quelles sont les deux grandes sources (origines) de financement de l'État ?* Les prélèvements obligatoires et l'emprunt.
3. *Comment calcule-t-on le TPO ?* Le TPO est égal au total des prélèvements obligatoires en pourcentage du PIB.
4. *À quoi sert le TPO ?* À mesurer l'intervention de l'État.
5. *Pourquoi les prélèvements obligatoires sont-ils élevés dans les pays européens ?* Parce qu'ils financent la protection sociale, qui est élevée.

Activité 5

Proposition

1. *Il est urgent de taxer le capital et d'augmenter les impôts des riches.* Le risque est de faire fuir les détenteurs de capital ainsi que les travailleurs qualifiés à haut revenu.
2. *Des taxes élevées sur le tabac dissuadent les fumeurs, notamment les jeunes, de fumer.* Ce n'est pas certain. La nicotine est une substance addictive qui rend les consommateurs de tabac relativement peu sensibles aux variations de prix. De plus, une augmentation des taxes tabac peut faire chuter la vente légale et renforcer le marché noir, tout comme l'augmentation de l'impôt sur le revenu encourage le travail au noir.

unité 1

3. *On peut avoir de bonnes performances économiques avec des taux d'imposition élevés.* C'est le cas de nombreux pays européens, comme le Danemark, la Suède, l'Allemagne, etc. En fait, le niveau des prélèvements obligatoires en dit plus sur l'organisation d'une société (financement de l'éducation, de la santé, de la retraite, etc.) que sur son dynamisme. Dans un pays où les entreprises financent les dépenses d'assurance-maladie et d'assurance-vieillesse de leurs salariés par le biais de contrats privés, le taux de prélèvements obligatoires sera moindre que dans un autre pays qui finance ces prestations par des cotisations à des organismes publics. Dans ces pays, les performances économiques peuvent être comparables ou différentes, elles ne dépendent pas directement du TPO.

> **Pour votre information**
>
> On peut distinguer les types d'impôts selon trois critères : le mode de prélèvement, l'assiette, le bénéficiaire.
>
> **1. Le mode de prélèvement : directs et indirects**
> – Les impôts directs sont versés directement à l'État.
> – Les impôts indirects sont versés à un intermédiaire, qui les verse ensuite à l''État. Par exemple, la TVA est payée par le consommateur au commerçant, qui la verse ensuite au fisc (à l'administration des impôts).
>
> **2. L'assiette**
> C'est la base de calcul de l'impôt. On distingue ainsi :
> – les impôts sur le revenu : impôts sur le revenu des personnes physiques, impôts sur les bénéfices des sociétés, etc. ;
> – les impôts sur le capital : impôts fonciers (que paient les propriétaires d'un bien immobilier), impôts sur la fortune (que paient les plus fortunés en fonction de la valeur de leur patrimoine), etc. ;
> – les impôts sur la dépense : la TVA, qui est, comme son nom l'indique, une taxe sur la valeur ajoutée (payée par le consommateur au moment de son achat), les taxes sur l'alcool, sur l'essence, sur le tabac, etc.
>
> **3. Le bénéficiaire**
> C'est celui qui profite de l'impôt, et on peut alors distinguer :
> – les impôts nationaux qui sont versés à l'État ;
> – les impôts locaux qui sont versés aux collectivités locales (régions, communes, etc.).
>
> Par exemple, en France :
> – l'impôt sur les bénéfices des sociétés est un impôt direct, sur le revenu, national ;
> – la TVA (taxe à la valeur ajoutée) est un impôt indirect, sur la dépense, national.

Bilan de compétences (pages 16 à 19)

A. Lire (pages 16, 17)

Activités 1 et 2, pages 16 et 17

Suggestions

Activité 1
- Avant de commencer, les étudiants peuvent citer des économistes qui ont marqué l'histoire et dire ce qu'ils en savent.
- Ensuite, ils font l'activité individuellement.
- Correction collective.
- Relever et définir les termes économiques contenus dans les textes : *libre-échange, concurrence, libéralisme, plein-emploi, lutte des classes, loi du marché, investissement, consommation, etc.*

Activité 2
- Par groupe de trois ou quatre personnes, les étudiants s'entendent sur des réponses communes. Compter bien 20 minutes de préparation.
- Correction collective : le « groupe classe » commente, discute, se met d'accord. Les étudiants sont-ils optimistes ? Pensent-ils que les problèmes évoqués seront résolus dans l'avenir ?

Comment lire

Nombre de documents sont donnés à comprendre, avec des exercices portant sur la compréhension écrite. Ces activités de lecture portent principalement sur le sens, non sur des connaissances d'ordre linguistique.

Dans un premier temps, le professeur évitera d'expliquer ou de traduire. Il doit inciter les étudiants à entrer dans le texte, en les libérant de l'obsession, répandue, de vouloir connaître le sens de tous les mots. Après tout, ne lisons-nous pas constamment des textes contenant des mots dont nous serions bien en peine de donner le sens exact ?

Les étudiants lisent donc, sans se laisser arrêter par un mot qu'ils ne comprennent pas, et font le ou les exercices de compréhension. Certes, s'ils veulent une explication, le professeur doit répondre, mais il ne doit pas, à ce stade, centrer son enseignement sur les difficultés d'ordre purement linguistiques. « *Essayez d'abord de comprendre par vous- même, nous expliquerons ensuite* », voilà ce qu'il peut dire. Dans un second temps, au moment de la correction, il est toujours possible d'en venir aux explications, de définir les mots, d'analyser certaines structures, etc. Si les documents proposés sont d'abord donnés à lire, et à comprendre, ils peuvent ensuite être exploités de bien d'autres façons. Car les textes ont également été choisis en fonction du thème qu'ils abordent et de l'intérêt que ce thème peut présenter pour les étudiants. Par exemple, les textes de la page 17 portent sur l'éthique dans les affaires : pollution de l'environnement, travail des enfants, corruption, pots-de-vin, etc. Autant de sujets dont la classe peut débattre et qui, espérons- le, entretiendront la motivation des étudiants.

Corrigé

Activité 1

Déclaration 1 : Karl Marx. – *Déclaration 2* : Jean Monnet. – *Déclaration 3* : Adam Smith. – Déclaration 4 : John Keynes.

Activité 2

Proposition

- Titres possibles :
  - Capitalisme mondialisé : de l'autre côté de la réussite.
  - Les effets négatifs / les abus du capitalisme mondialisé.
  - Tous les moyens sont bons pour faire du profit.
- Problèmes soulevés : la pollution de l'environnement (les marées noires), le travail des enfants, les conditions de travail (dans les pays pauvres), le chômage, les délocalisations, la corruption dans les affaires, la mondialisation, les inégalités Nord-Sud, etc.

B.  Écouter (page 18)

Suggestions

Comment écouter

Dans l'entreprise, la compréhension orale est une compétence prioritaire à ne pas négliger. Si vos étudiants travaillent ou sont amenés un jour à travailler dans une entreprise francophone, il est impératif qu'ils comprennent ce qu'on leur dit.

Pour chacune des activités d'écoute, *Affaires.com* commence par décrire le cadre communicatif. Ce cadre précise, guide, motive le comportement des étudiants. Il est important de préparer l'écoute, de façon à ce que les étudiants écoutent dans un but particulier. Cet objectif détermine dans une large mesure les significations auxquelles ils doivent prêter l'oreille et les parties du texte qui sont les plus importantes pour eux. Le cadre facilite la compréhension orale en rendant possible une attitude d'anticipation à l'égard de ce qu'il faut écouter.

Il faut donc que les étudiants lisent et comprennent parfaitement les informations et les consignes *avant* d'écouter, de façon à pouvoir prêter attention, ensuite, à l'information pertinente. À ce stade, le rôle du professeur – votre rôle – consiste à vous assurer que tout le monde a bien compris la situation et est prêt à écouter.

Affaires.com propose des exercices d'écoute variés : QCM (questions à choix multiples), appariements, textes à trous, questionnaires à remplir, etc. Généralement, chaque exercice met l'accent sur une compétence spécifique, globale ou sélective, de la compréhension orale. Pour réaliser la tâche, il peut être demandé aux étudiants, selon l'exercice :

- d'identifier le contexte (les éléments de la situation), de comprendre le sens général ou les idées essentielles ;
- de comprendre la fonction du message, l'objectif de celui qui parle, ce qu'il cherche à faire. C'est un préliminaire à l'action ;
- de reconnaître un point de vue, qui peut être caché derrière l'énoncé ;
- de comprendre une information de détail, qui peut se trouver à n'importe quel endroit du message.

Bien sûr, ces activités peuvent être complétées et prolongées par d'autres exercices. Par exemple, après avoir réalisé un exercice de compréhension globale, on peut en venir aux points de détail. On peut aussi exploiter la transcription des documents de différentes façons, reprendre la communication en organisant un jeu de rôle, etc.

Corrigé

Conversation 1 : – **1.** Entreprises et professions. – **2.** Commercial. – **3.** Moins de 60. – **4.** Cinq magasins – **5.** Une veste de ski. – **6.** On ne peut pas savoir. – **7.** C'est une question difficile.

Conversation 2 : – **1.** Un lundi. – **2.** 99 €. – **3.** 160 €. – **4.** Pour un jour. – **5.** Le 6 mars. – **6.** 110 €. **7.** On ne peut pas savoir.

C.  Écrire (page 19)

Suggestions

> ### Comment écrire
>
> *Affaires.com* contient de nombreuses activités d'écriture. Pratiquement chaque leçon en propose, et chaque bilan de compétences contient un sujet de compréhension écrite.
>
> Dans tous les cas, les étudiants commencent par prendre connaissance d'une situation déterminée, décrite par les textes et les documents. C'est dans ce cadre et à partir de cette situation, et souvent après avoir résolu un petit cas, qu'ils doivent rédiger un texte.
>
> Les activités d'écriture sont toujours d'ordre fonctionnel : il convient de lire, puis d'écrire dans un objectif professionnel bien identifié. C'est la réalisation de cet objectif qui compte, et elle compte au moins autant que la correction linguistique. Autrement dit, il ne suffit pas d'écrire correctement, sans faute de langue, encore faut-il apporter une réponse adéquate à la question ou au cas proposés, et, si possible, sur un ton approprié.
>
> On demande aux étudiants de rédiger des écrits professionnels : principalement des e-mails (adressés notamment à un client ou à un fournisseur), mais aussi des comptes rendus, rapports, etc. L'apprentissage est progressif : des modèles sont présentés, qu'on étudie d'abord et dont on s'inspire ensuite.
>
> Les consignes sont précises, mais les étudiants conservent une certaine marge de créativité. Cette créativité doit pouvoir s'exprimer dans la formulation, dans le contenu, dans l'organisation des idées.

Corrigé

Activité 1

Proposition

2. Nous avons restructuré nos services. – **3.** Nous vous informons que votre carte bancaire est disponible. – **4.** Nous avons envoyé la convention de compte. – **5.** Il vous suffit de compléter le formulaire ci-joint.

Activité 2

Proposition

DE: Moi
À: Sylvie Cherrat

Bonjour Mme Cherrat,

Je suis client de votre banque depuis dix ans et je n'ai jamais eu le moindre incident de paiement.

Le mois dernier, le plafond du découvert autorisé (4 000 euros) sur mon compte a été dépassé. Ce dépassement est dû au retard de paiement d'un client.

J'ai rapidement pu créditer mon compte (référencé ci-dessus) et passer sous le plafond de découvert.

Toutefois, en consultant aujourd'hui mon relevé de compte, j'ai remarqué que des pénalités avaient été prélevées pour un montant de 410 euros.

Étant donné l'ancienneté de nos relations et le caractère tout à fait exceptionnel de ce dépassement de découvert, je vous saurais gré de me rembourser cette somme.

Cordialement,
Paul Dupont

D. Parler (page 19)

 Jouez à deux

Suggestions

- On pourra également s'interroger sur les raisons de l'évolution des postes autres que celui de la santé (voir ci-dessous « Pour votre information »).
- Voir « Comment jouer à deux », page 12.

Corrigé

Personne A

Les dépenses de santé ont augmenté pour les trois raisons suivantes :

1. La population a beaucoup vieilli. – **2.** Les techniques médicales ont progressé et sont plus coûteuses. – **3.** Les gens se préoccupent beaucoup de leur santé.

Personne B

1. En 1950, un ménage français consacrait près de **50 %** de son budget à l'habillement Aujourd'hui, il en consacre seulement **5,2 %**. – **2.** Le **logement** est maintenant le premier poste de la consommation des Français. Il représente **22,8 %** du budget d'un ménage. – **3.** En proportion, les dépenses de **santé** et de **logement** ont doublé depuis 1950. – **4.** Depuis 1950, les dépenses de transport ont constamment augmenté, elles sont passées de **5,6 %** du budget d'un ménage en 1950 à **13,4 %** en 1970 et à **16,6 %** aujourd'hui.

> **Pour votre information**
>
> – Pourquoi les dépenses d'habillement sont en baisse : il y une forte concurrence dans le commerce de vêtements, on importe des vêtements bon marché de pays à bas salaires, etc.
> – Pourquoi les dépenses d'alimentation sont en baisse : les consommateurs sont devenus plus riches, ils achètent des produits alimentaires dans les grandes surfaces, etc.
> – Pourquoi les dépenses de logement sont en hausse : les prix (de vente et de location) dans l'immobilier ont augmenté.
> – Pourquoi les dépenses de transport sont en hausse : les distances entre le domicile et le travail ont augmenté, les voyages touristiques se sont développés, etc.

unité 2 Créateurs d'entreprise

1. Profil de créateur (pages 20 et 21)

Objectifs
- Faire le portrait du créateur d'entreprise.
- Analyser et raconter le parcours d'un créateur d'entreprise.
→ Point grammaire : le passé composé et l'imparfait.

Activité 1, page 20

Suggestions
- Les étudiants font l'exercice à deux.
- Correction collective. On peut s'interroger sur les questions auxquelles le texte ne répond pas (NP) : Le créateur d'entreprise est-il principalement motivé par l'argent ? Doit-il être cultivé (connaître l'histoire, la littérature, les arts, etc.) ? Avoir des diplômes ? Du capital ? Des relations ? Les réponses dépendent en partie de l'environnement culturel. Les créateurs peuvent avoir des profils différents d'un pays à l'autre. Par exemple, dans tel pays, on ne peut rien faire sans relations alors que dans tel autre avoir des relations ne serait pas aussi indispensable. Autres questions à poser : un créateur d'entreprise doit-il être honnête ? Travailleur ? Passionné ? Etc.

Corrigé
Proposition

1. *Le créateur d'entreprise est principalement motivé par l'argent* : NP
2. *Il a nécessairement un créateur d'entreprise près de lui* : FAUX. Il a dans son entourage un modèle d'entrepreneur, mais pas forcément quelqu'un qui a créé une entreprise.
3. *Il a un sens inné de la création d'entreprise : il n'a pas besoin d'apprendre* : FAUX. Il a dans son entourage une personne de laquelle il a appris. Il se caractérise par sa capacité à apprendre.
4. *Il est curieux, réaliste, audacieux* : VRAI. Curieux : il se caractérise par sa curiosité, son goût pour l'expérimentation. Réaliste : il sait discerner ce qui est faisable de ce qui ne l'est pas. Audacieux : il sait prendre des risques pour les choses faisables.
5. *Il a des diplômes et il est cultivé* : NP.
6. *Il a de l'argent et des relations* : NP.
7. *Il ne se décourage pas facilement* : VRAI. Il a beaucoup de persévérance.
8. *Il a de la chance et il sait la saisir* : VRAI. Il se trouve au bon endroit au bon moment, c'est un opportuniste, au bon sens du terme.

Activité 2, page 21

Suggestions
- Les étudiants font les exercices a, b, c à deux.
- Correction collective. Le portrait de Lucas illustre les qualités relevées dans l'activité 1. La classe fera des comparaisons avec un ou des créateurs d'entreprise qu'ils connaissent. Quelles sont les différences ? Comment les expliquer ?

Corrigé
a. *Les passages qui montrent que Lucas est* :
– *créatif* : « C'est à cette époque que Lucas commence à rédiger une liste de trucs et astuces. »
– *curieux* : « Il veut être son propre patron. Il s'intéresse surtout à la technique, mais il veut aussi comprendre les aspects juridiques, financiers, commerciaux de l'affaire. »
– *persévérant* : « Le site connaît des débuts difficiles, mais les deux associés ne se découragent pas. »
– *optimiste* : « Ils ont confiance en leur projet. »

b. *La motivation de Lucas* : il veut être son propre patron.

c. *Hormis ses qualités, qu'est-ce qui a permis à Lucas de réussir ?* C'est le premier site de ce genre et il répond à un véritable besoin. Autrement dit, Lucas se trouvait au bon moment au bon endroit.

Activité 3, page 21

Suggestions

Activité a	Activité b
• Activité collective.	• Écoute individuelle.
• Recueillir, noter, discuter les explications proposées.	• Correction collective.

Corrigé

Activité 3.b

D'après Lucas Imbert, quatre raisons (au moins) peuvent expliquer ces échecs :
- *Première raison* : le créateur est souvent seul, alors qu'il aurait besoin d'échanger avec d'autres, avec au moins une autre personne. On réussit mieux en équipe.
- *Deuxième raison* : il n'y a pas de marché, ou alors ce marché est trop petit. Le créateur est centré sur son produit (dont il pense le plus grand bien) et ne se rend pas compte qu'il manque des clients.
- *Troisième raison* : le créateur manque de persévérance, il abandonne trop vite. D'après Lucas Imbert, la persévérance compte plus que l'intelligence.
- *Quatrième raison* : le créateur doit abandonner parce qu'il n'a plus d'argent. C'est la raison principale.

Activité 4, page 21

Corrigé

Proposition

2. *J'aime prendre des risques par pur plaisir.* Non, Un créateur d'entreprise prend des risques, certes, mais des risques calculés.

3. *Je peux changer d'avis.* Oui, si la situation change ou s'il est clair qu'il s'est trompé (car il n'est pas têtu). Cela dit, il ne doit pas changer d'objectif.

4. *Les problèmes m'empêchent de dormir.* Non, il sait prendre tout le repos dont il a besoin.

5. *La réussite est surtout une question de chance.* Non, la chance a son importance, mais le plus important est de savoir la saisir.

6. *Un bon niveau de stress me stimule.* Oui, le stress est aussi un moteur.

7. *Il faut être riche pour entreprendre.* Non, mais l'argent est nécessaire et il faut savoir le trouver.

8. *Je me méfie de mon instinct.* Oui, car il sait analyser son projet avec objectivité.

9. *J'ai plutôt une bonne opinion de moi-même.* Oui, il a confiance en lui et en sa bonne étoile, il pense qu'il va réussir.

→ Point grammaire

À 14 ans, Lucas Imbert **passait** ses journées dans les jeux vidéo. Comme beaucoup d'adolescents d'aujourd'hui. Mais à l'époque les jeux vidéo étaient très difficiles et beaucoup de joueurs ne **pouvaient** pas les terminer. C'est à cette époque que Lucas **a commencé** à rédiger une liste de trucs et astuces, qui quelques années lui **a donné** plus tard l'idée de créer son entreprise.

Lucas Imbert n'**avait** pas 23 ans quand il **a quitté** le poste qu'il **occupait** dans une entreprise informatique et qu'il **a créé** avec un ami *Jeuxvideo.com*, un magazine en ligne qui **donnait** des milliers d'informations sur les jeux vidéo. Il **voulait** être son propre patron. Il **s'intéressait** surtout à la technique, mais il **voulait** aussi comprendre les aspects juridiques, financiers, commerciaux de l'affaire. Le site **a connu** des débuts difficiles, mais les deux associés ne se **sont** pas découragés, ils **avaient** confiance en leur projet. Au bout de deux années, le site **a** enfin **connu** un certain succès et les annonceurs **sont arrivés**. C'est le premier site de ce genre et il **répondait** à un véritable besoin.

unité 2

2. Recherche de capitaux (pages 22 et 23)

Objectifs
• Analyser et comparer différents moyens de financement de l'entreprise.
→ Point grammaire : les articles définis, indéfinis, partitifs.

Activité 1, page 22

Suggestions
• Les étudiants lisent la leçon du jour et font les activités individuellement.
• Ils s'entendent ensuite à deux sur des réponses communes.
• Correction collective. Si besoin, apporter des développements à la fiche « Ressources ».

Corrigé
Exercice a
3. *une créance* ⟷ une dette
4. *une perte* ⟷ un bénéfice
5. *un bien intermédiaire* ⟷ un bien d'équipement

Exercice b
2. Les associés **prêtent** des capitaux. – 3. Le capital social est constitué de l'ensemble des capitaux apportés par les **associés**. – 4. Avec l'autofinancement, l'entreprise utilise les **bénéfices** pour se développer. – 5. Grâce à l'autofinancement, l'entreprise peut **investir** davantage. – 6. Dans un crédit-bail, l'entreprise peut devenir **propriétaire** du bien en rachetant ce bien à sa valeur résiduelle.

Exercice c
2. Un **emprunt** entraîne le paiement d'intérêts : les intérêts sont les revenus d'un prêt.
3. Un **prêt** oblige la société à rembourser un jour : l'emprunteur doit rembourser le capital emprunté.
4. Un **apport** augmente les capitaux appartenant à la société : les capitaux apportés font partie des fonds propres de la société, ils lui appartiennent en propre. Ce ne sont pas les actionnaires qui sont propriétaires du capital social, c'est la société.
5. Un **apport** permet à la société d'emprunter davantage : grâce à cet apport, la société sera plus riche, et plus elle est riche, plus elle peut emprunter.

→ Point grammaire, page 22

Corrigé
Exercice 1
Dans **l'**entreprise Cortexte, il y a **un** grand bureau. En ce moment, dans **le** grand bureau, il y a **un** homme qui dort. C'est **le** patron de l'entreprise Cortexte. Il est fatigué.

Exercice 2
1. Alice a **des** dettes parce qu'elle a contracté *un* emprunt de 3 000 euros à la banque Azur. – 2. On dit que Roger a **de l'**argent sur *un* compte bancaire dans une banque suisse. – 3. Pour réussir dans **les** affaires, il faut **de l'**intuition, **des** relations, **du** courage, **de la** chance. – 4. Avec *un* endettement de deux millions d'euros, **l'**entreprise Cortexte connaît actuellement **des** difficultés financières importantes.

Activité 2, page 23

Suggestions
• Les étudiants font les exercices individuellement.
• Correction collective.

Corrigé
Exercice a
Capitaux apportés : 600 000 € – Emprunts : 300 000 € – Investissement total : 900 000 €.
Exercice b
Ce nouvel investissement peut être financé par l'autofinancement (puisque les affaires sont florissantes, on peut supposer que l'entreprise est bénéficiaire), le crédit-bail ou/et par l'apport d'un associé.

Activité 3, page 23
Suggestions
- Les étudiants font les exercices à deux.
- Correction collective.

Corrigé
Exercice a
1. *Les* business angels *ont-ils l'habitude d'investir dans le secteur de la santé ?* Non, car la santé est « un secteur où les cycles de développement et donc les retours sur investissement sont longs. »
2. *Pour quelles raisons les* business angels *ont-ils investi dans Fluoptics ?* Pour deux raisons : la technologie développée par Fluoptic et la confiance dans le management.
3. *Au total, quelle somme l'entreprise a-t-elle levée depuis sa création ?* 3 200 000 € (450 000 + 750 000 + 2 000 000)
4. *Quels projets ou réalisations ces différentes ressources financent-elles ?*
   - 450 000 € pour développer un prototype.
   - 750 000 € pour développer le produit et obtenir la certification européenne.
   - 2 000 000 € pour déployer une équipe commerciale à l'international.

Exercice b
1. Un *business angel.* – **2.** Un retour sur investissement. – **3.** Une levée de fonds.

Exercice c
Proposition

Les *business angels* n'ont pas l'habitude d'investir dans le secteur de la santé, car les cycles de développement, et donc les retours sur investissements, sont trop longs. Si les *business angels* ont toutefois investi dans Fluoptics, c'est parce que, d'une part, la technologie développée par l'entreprise leur paraissait efficace et parce que, d'autre part, le management leur inspirait confiance.

Depuis sa création, Fluoptics a pu lever au total 3 200 000 € :
- 450 000 € pour développer un prototype,
- 750 000 € pour développer le produit et obtenir la certification européenne,
- et récemment 2 000 000 € pour déployer une équipe commerciale à l'international.

> **Pour votre information**
>
> **Qu'est-ce qu'un *business angel* ?**
>
> Un *business angel* est une personne physique qui investit son argent personnel dans de jeunes entreprises innovantes. En plus de son soutien financier, le *business angel* accompagne l'entrepreneur et lui fait profiter de ses compétences, de son expérience et de ses réseaux relationnels. Cet « ange gardien » est souvent un ancien entrepreneur capable d'apporter à une jeune entreprise des conseils précieux et un carnet d'adresses.

unité 2

3. Lieu d'implantation (pages 24 et 25)

Objectifs
- Écrire efficacement, manier différentes techniques d'expression.
- Vérifier la bonne orthographe d'un mail.
- Décrire un local à usage professionnel (boutique, bureau, etc.).
- Examiner une offre de location, y répondre (par téléphone, par e-mail).
- Échanger des informations sur un local professionnel, choisir le local approprié.
- Débattre la question des délocalisations

→ Point grammaire : les indicateurs de temps.

Activité 1, page 24

Suggestions
- Les étudiants lisent la leçon du jour et font l'exercice individuellement, sans l'aide du professeur.
- Correction collective. Développer certains points de la fiche « Ressources » (voir ci-dessous « Pour votre information »).

Corrigé

Exercice a

1. *Les travaux seront terminés **le 5 octobre.*** (Soyez précis.) – **2. *Un homme de ménage*** nettoie les bureaux le soir. (Employez des mots courants, pour mieux vous faire comprendre.) – **3.** *Elle prend un congé **de trois semaines.*** (Exprimez-vous en peu de mots, évitez les pléonasmes.)

Exercice b

2. Je dois appeler Pierre Bonnet, de la société JK3. As-tu son numéro de téléphone ? – 3. Je t'envoie ci-joint le rapport concernant la boutique Zara. Peux-tu me donner ton avis ?

Activité 2, page 24

Suggestions
- Les étudiants travaillent à deux.
- Ils font l'exercice a. Puis correction collective.
- L'exercice b. Correction collective.
- L'exercice c. Correction collective.
- Cette activité peut être prolongée de la façon suivante : les étudiants travaillent par groupes de deux. Chacun rédige un message de 30 mots environ sur un sujet de son choix et le remet à son voisin de classe. Celui-ci est chargé de le résumer par écrit en 15 mots environ. Ensuite, on compare les deux messages et on se demande si les informations perdues sont réellement importantes.

Corrigé

Exercice a

Madame,

Je vous écris […] nous avons donc **étudié** avec attention vos trois **propositions** de locaux que vous nous avez gentiment **envoyées**.

Nous souhaiterions tous les deux aller **à** Bruxelles pour visiter **ces** trois locaux. […] je ne **pourrai** pas y aller avant la semaine prochaine. Je **prendrai** le train […] Nous vous proposons de vous **rencontrer** […] à 9 heures.

Exercice b

La phrase la plus importante : « Nous vous proposons de vous rencontrer à votre agence, lundi 22 octobre, tôt dans la matinée, à 9 heures. »

Exercice c

Les informations et mots inutiles sont nombreux. Exemples :
- « *Je vous écris pour vous dire que...* » : il est préférable de ne pas écrire qu'on écrit.
- « *... que vous nous avez gentiment envoyées* » : dans un courrier professionnel, les marques d'affection sont inutiles.
- « *Comme mon associé est en voyage en Italie jusqu'à vendredi* » : cette précision ne regarde pas le correspondant.
- « *Je prendrai le train lundi prochain, à 7 h 07, à la gare du Nord de Paris.* » Le moyen de locomotion, le lieu et le moment du départ n'intéressent pas le correspondant. Il suffit de donner le lieu et l'heure du rendez-vous.
- « *Nous devrons repartir pour Paris en fin de matinée, car nous avons beaucoup de travail.* » Jeanne Valette a sans doute raison de préciser que son collègue et elle-même devront repartir en fin de matinée. Le correspondant sait ainsi qu'il devra organiser les visites pendant la matinée. Mais il est inutile de se justifier.

Proposition

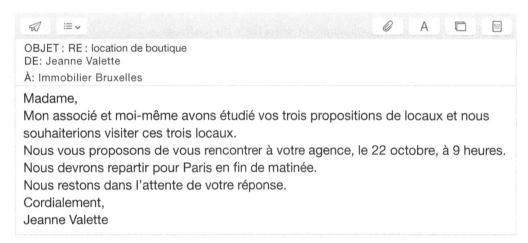

OBJET : RE : location de boutique
DE : Jeanne Valette
À : Immobilier Bruxelles

Madame,
Mon associé et moi-même avons étudié vos trois propositions de locaux et nous souhaiterions visiter ces trois locaux.
Nous vous proposons de vous rencontrer à votre agence, le 22 octobre, à 9 heures.
Nous devrons repartir pour Paris en fin de matinée.
Nous restons dans l'attente de votre réponse.
Cordialement,
Jeanne Valette

Pour votre information

Écrits professionnels : l'efficacité d'abord

Il faut insister sur ce mot : efficacité. Un responsable d'entreprise n'écrit pas pour le simple plaisir d'écrire. Il veut soit transmettre une information soit formuler une demande. Le but est d'amener l'autre à agir. Pour écrire efficacement, voici quelques conseils :

1. Soyez précis, mais ne vous perdez pas dans les détails. Si vous invitez quelqu'un à une réunion, n'oubliez pas de lui préciser l'objet de la réunion, ni de lui dire que ladite réunion aura lieu à tel endroit, à telle heure, etc. Donnez-lui tous les détails. Mais attention : ne donnez que des informations utiles, une seule fois, en un minimum de mots. Les mots inutiles, les répétitions encombrent et brouillent le message. Bref, donner toutes les informations utiles, et rien que les informations utiles.

2. Écrivez simplement. Appelez un chat un chat, écrivez des mots courts, des phrases courtes, des mots courants pour faire comprendre, des mots concrets pour faire voir, évitez le jargon, l'abstraction, préférez la voix active à la voix passive, bref, parlez au lecteur et parlez-lui personnellement. Certains disent qu'on « n'écrit pas comme on parle », mais au contraire, tirez l'écrit vers la parole, il n'y a aucune honte à être compris du premier coup.

→ Point grammaire, page 24

1. Je t'attends *jusqu'*à ce que tu sois prête. – **2.** Il n'est jamais là *le* soir. – **3.** Je l'ai appelé *il y a* trois jours. – **4.** Il travaille ici *depuis* hier. – **5.** Je pars demain *pour* une semaine.

Activité 3, page 25

Suggestions

- Expliquer certains termes : superficie, m² (mètre carré), haussmannien, etc.
- Les étudiants répondent aux questions individuellement.
- Correction collective.

Corrigé

1. Le bureau à louer se trouve à Paris, dans le 15e arrondissement. – **2.** Superficie : 40 m² – **3.** *Est-il en bon état ?* On ne sait pas. *Est-il clair ?* On peut le supposer car il est au cinquième étage, avec vue sur la tour Eiffel. *Donne-t-il sur une rue ?* Non, sur une cour. – **4.** L'immeuble a cinq étages (« 5e et dernier étage », dit l'annonce). – **5.** Prix du loyer au mètre carré : 50 euros (2 000 / 40).

Activité 4, page 25

Suggestions

- Avant d'écouter, les étudiants prennent connaissance de la situation.
- Ils écoutent et notent leurs réponses.
- Correction collective.
- Ils font l'exercice b à deux.
- Correction collective.

Corrigé

Exercice a

1. *M. Corbeau va-t-il visiter le bureau de l'annonce ?* Non, car le bureau est déjà loué.. – **2.** *Quel type de bureau recherche-t-il ?* Un bureau spacieux, situé près de la tour Eiffel, dans un immeuble de standing (de luxe), pour un loyer maximal de 2 000 euros.. – **3.** *Quel est son numéro de téléphone ?* 01 45 67 08 77.

Exercice b

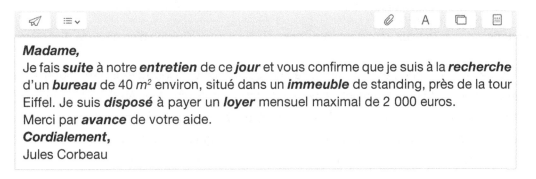

Madame,
Je fais **suite** à notre **entretien** de ce **jour** et vous confirme que je suis à la **recherche** d'un **bureau** de 40 *m²* environ, situé dans un **immeuble** de standing, près de la tour Eiffel. Je suis **disposé** à payer un **loyer** mensuel maximal de 2 000 euros.
Merci par **avance** de votre aide.
Cordialement,
Jules Corbeau

Activité 5, page 25

Suggestions

- Les étudiants font l'exercice à deux.
- Correction collective.

Corrigé

Proposition

1. *Les entreprises délocalisent pour réduire leurs coûts* : VRAI. Dans des pays comme le Bangladesh ou le Vietnam, les salaires sont jusqu'à dix fois moins élevés que dans les pays riches.

2. *Les délocalisations ne concernent que la production industrielle* : FAUX. Les délocalisations concernent aussi et de plus en plus le secteur tertiaire. L'informatisation de nombreux services a en effet rendu possible la délocalisation de nombreux services. L'Inde, par exemple, qui dispose d'une importante main-d'œuvre qualifiée et anglophone, est la première bénéficiaire de cette tendance. Ainsi, Axa et la Société Générale ont délocalisé leur comptabilité en Inde.

3. *Les délocalisations créent du chômage* : FAUX et VRAI. Globalement, les délocalisations pèsent peu dans l'ensemble des emplois détruits. En France, elles représenteraient environ 5 % du total des emplois détruits. Toutefois, si les délocalisations pèsent peu globalement, elles pèsent beaucoup localement, c'est-à-dire dans certains secteurs (notamment ceux qui emploient beaucoup de main-d'œuvre), sur certains territoires, et pour certains niveaux de qualification (elles touchent particulièrement les travailleurs peu qualifiés).

 Jouez à deux, page 25

Suggestions
- Le jeu dure environ un quart d'heure.
- Correction collective. La classe débat sur le choix du meilleur local. Le professeur anime la discussion et ne donne son avis qu'à la fin.

Corrigé
Proposition

	Local 1	Local 2
Emplacement	200 mètres de Notre-Dame	15e arrondissement
Environnement	Nombreux restaurants dans le quartier, un restaurant MacDonald's à 50 mètres, un salon de thé à 30 mètres, une pâtisserie à 10 mètres. Rue bruyante.	Quartier résidentiel. Petite rue calme, près de la Seine, où se trouvent un restaurant gastronomique, un théâtre et un petit musée.
Superficie	48 m^2	72 m^2
Cuisine	11 m^2	20 m^2
Loyer	3 100 euros/mois	1 750 euros/mois
Observations	Travaux importants à prévoir	Cuisine bien équipée. Excellent état.

Aucun des deux locaux ne correspond exactement à ce que recherchent Charlotte et Émilie. Toutefois, le local 1 est plus approprié. Bien qu'il soit petit et cher, son emplacement, très touristique, est idéal. Au départ, il faudra investir beaucoup d'argent. Mais, à terme, cet investissement peut devenir rentable. Il ne faut pas avoir peur de la concurrence. Au contraire. Le fait qu'il y ait de nombreux restaurants à proximité est plutôt bon signe : c'est dans cette rue que les clients viendront pour se restaurer. Et si le produit (les tartes) est bon, s'il est original par rapport aux produits de la concurrence, le restaurant de Charlotte et d'Émilie ne désemplira pas. Les clients attirent les clients. Le local 2 est spacieux, mais à quoi sert l'espace s'il n'y a pas de clients ?

4. Choix de société (pages 26 et 27)

Objectifs
- Examiner les principales caractéristiques de la SARL et de la SA (droit français) et, ce faisant, découvrir les termes particuliers au droit des sociétés en général.
- Compléter des statuts.
- Échanger (oralement) des informations et choisir une forme juridique adaptée.
→ Point grammaire : les pronoms *y* et *en*.

Activité 1, page 26

Suggestions
- Présenter le tableau, qui tient lieu de fiche « Ressources ». Faire « une explication de texte », en insistant sur les termes en gras (voir ci-dessous « Pour votre information »).
- Les étudiants font l'exercice individuellement.
- Correction collective.

- Comparer le droit français des sociétés au droit du pays des étudiants. S'il y a des juristes parmi les étudiants, cet exercice les intéressera particulièrement. Quelles seraient, dans leur pays, les formes juridiques les plus proches de la SA et de la SARL ?

Corrigé

1. *Elle convient bien aux petites entreprises* : **SARL**. Le montant du capital minimal exigé est seulement de 1 euro, et la constitution de la société ne requiert que deux associés. – 2. *Il est nécessaire de déposer d'un capital minimum* : **SA** (ainsi que **SARL**, si on considère 1 euro comme l'exigence d'un capital minimum). – 3. *Elle peut employer plus de 50 salariés* : **SARL et SA**. Attention : il ne faut pas confondre salariés et associés. – 4. *Les associés peuvent apporter un bien en nature à la société* : **SARL et SA**. – 5. *Elle est parfois cotée en Bourse* : **SA**. Seules quelques grandes sociétés anonymes sont cotées en bourse. – 6. *En cas de faillite [...] leur apport* : **SARL et SA**. Créer une société permet précisément de limiter les risques. Si la société a des dettes, c'est à la société de rembourser, pas aux associés.

> ### Pour votre information
>
> #### Personne physique et personne morale
> Le nouvel entrepreneur peut exercer le commerce en son nom propre, en tant que personne physique (individu). Les petits commerçants exercent souvent leur activité en leur nom. Le nouvel entrepreneur peut aussi créer une société. Dans ce cas, c'est la société, personne morale, qui exerce le commerce. Tout comme un individu, cette société a un nom (une raison sociale), un domicile (un siège social), elle possède des biens, elle a des dettes, etc.
>
> #### Qu'est-ce qu'une société ?
> La société est un contrat qui fait naître une personne morale. Autrement dit, c'est :
> – un accord entre plusieurs personnes (les associés)
> – qui a pour conséquence de faire naître une personne (à la vie juridique).
>
> Dans le cas de la société commerciale, les associés s'entendent pour mettre quelque chose en commun et pour partager les bénéfices (ou les pertes) qui pourront résulter de l'activité de la société.
>
> #### Sociétés de personnes et sociétés de capitaux
> On distingue généralement deux grands types de sociétés commerciales : les sociétés de personnes et les sociétés de capitaux (ou par actions).
> – Dans les premières, les associés se connaissent, et c'est pour cette raison, en considération de la personne, qu'ils choisissent de s'unir pour faire des affaires. Cette importance donnée à la personnalité des associés a des conséquences. Ainsi celui qui veut céder sa part (pour quitter la société) doit-il obtenir le consentement de tous les autres associés. Souvent aussi, dans ce type de société, les associés sont responsables personnellement, sur leurs biens, des dettes de la société. C'est le cas, en France, de la société en nom collectif.
> – Dans les sociétés de capitaux, en revanche, la personnalité de l'associé est indifférente. Ce qui compte, c'est le capital qu'on apporte. En contrepartie de cet apport, l'associé, qu'on appelle actionnaire, reçoit des actions, qu'il peut céder à tout moment, sans demander l'autorisation des autres associés. C'est le cas, en France, de la société anonyme.
>
> La société à responsabilité limitée se situe entre les deux : elle emprunte des caractéristiques à la fois des sociétés de personnes et des sociétés de capitaux. Par exemple, pour céder ses parts, un associé doit certes obtenir l'autorisation des autres associés, mais seulement de la majorité d'entre eux.

Activités 2 et 3, page 27

Suggestions
- Les étudiants font les exercices à deux.
- Correction collective.

Corrigé

Activité 2

Exercice a

> **QUESTIONNAIRE**
>
> **a.** *Forme juridique :* Société anonyme
> **b.** *Dénomination sociale :* Établissements Avix
> **c.** *Objet social :* fabrication de matériel électrique
> **d.** *Nombre d'associés :* 12 actionnaires (P-DG + banque Azur + 10 autres actionnaires)
> **e.** *Montant du capital social :* 150 000 euros.
> **f.** *P-DG :* M. Delors
> **g.** *Conseil d'administration :* oui (puisqu'il y a un P-DG, il y a nécessairement un conseil d'administration).

Exercice b

Avix n'est pas cotée en Bourse : une société de seulement 12 actionnaires et au capital de 150 000 euros ne peut pas être cotée en Bourse.

Activité 3
Exercice a

> **QUESTIONNAIRE**
>
> **a.** *Forme juridique :* Société à responsabilité limitée
> **b.** *Dénomination sociale :* Tendance
> **c.** *Objet social :* exploitation d'un salon de coiffure
> **d.** *Nombre d'actionnaires :* 3 (Gabrielle et ses deux amies)
> **e.** *Montant du capital social :* 30 000 + (10 000 × 2) = 50 000 (Attention : le prêt ne fait pas partie du capital social.)
> **f.** *Gérante :* Gabrielle
> **g.** *Conseil d'administration :* Non (il n'y pas de conseil d'administration dans une SARL).

Exercice b

Depuis que Gabrielle a apporté le salon de coiffure à la société, elle n'en est plus propriétaire. C'est la SARL Tendance qui est propriétaire.

Exercice c

> **STATUTS (EXTRAITS) DE LA SOCIÉTÉ TENDANCE**
>
> Art. 1. – Objet : La société a pour objet l'exploitation d'un **salon de coiffure**.
> Art. 2. – Dénomination sociale : **Tendance**.
> Art. 3. – Siège social : Le siège social est établi à **Pontivy, 34 place de la République**.
> Art. 7. – Capital social : Le capital social est fixé à la somme de **50 000 euros** et divisé en cinq cents parts sociales de **100 euros** chacune.

Exercice d

Gabrielle détient trois cents parts. Chacune de ses amies en détient cent.

Jouez à deux, page 27

Suggestion

Voir « Comment jouer à deux », page 12.

Corrigé

Personne A

Que choisissez-vous ? SARL. Pour deux raisons :

1. Le capital minimal exigé est peu élevé.

2. Le fonctionnement de la SARL est simple. Pendant la vie de la société, les formalités juridiques et comptables sont peu nombreuses. Ce n'est pas le cas de la SA.

> **Pour votre information**
>
> La gestion d'une SA est relativement lourde. *Ex.* : les actionnaires sont obligés de convoquer un commissaire aux comptes (expert-comptable chargé de vérifier les comptes) aux assemblées générales ; pour certaines décisions, ils doivent réunir le conseil d'administration, dresser un procès-verbal, etc.

→ **Point grammaire, page 27**

Corrigé

L'année dernière, les deux associées de Gabrielle sont parties à Paris – et elles **y** sont encore. Elles **y** ont créé un autre salon de coiffure pour femmes. Comme Tendance, c'est une SARL. Elles **en** sont les deux seules associées.

5. Paroles d'entrepreneurs (pages 28 et 29)

Objectifs
- Découvrir les principales formalités de création d'une entreprise dans les pays de l'UE, et notamment en France.
- Résumer les résultats d'une étude.
- Mesurer l'attractivité d'un pays pour faire des affaires.
- Analyser des projets de création d'entreprise.
- Discuter de l'environnement entrepreneurial d'un pays et de son importance pour faire des affaires.

→ Point grammaire : orthographe de certains verbes au présent : appeler, manger, commencer, etc.

Activité 1, page 28

Suggestions
- Les étudiants font les exercices a et b individuellement.
- Correction collective.

Corrigé

Exercice a

M. Weber est autrichien. En tant que ressortissant d'un pays de l'UE, il a le droit de créer une entreprise en France.

Exercice b

2. Pour informer le public de l'existence de sa société, M. Weber doit publier une annonce dans un journal d'annonces légales. – **3.** Pour organiser les pouvoirs au sein de la société, il doit rédiger les statuts. – **4.** Pour permettre à la société de recevoir des apports en numéraire, il doit l'immatriculer au RCS.

Activité 2, page 28

Suggestions
- Les étudiants font les exercices a, b, c par groupe de deux.
- Correction collective.

Corrigé

Exercice a

D'après cet article, quatre critères permettraient de mesurer l'attractivité de la France : les délais de création d'une entreprise, le faible coût de cette création, l'accès au financement, le poids de la fiscalité.

Exercice b

Faux. C'est le contraire : créer une entreprise en France est facile, mais la développer l'est moins.

Exercice c

Proposition

Créer une entreprise en France est relativement facile : les délais sont courts et les coûts de création sont faibles. En revanche, développer cette entreprise est autrement plus difficile : l'accès au financement est difficile et le poids de la fiscalité est lourd. *(43 mots)*

Activité 3, page 29

Suggestions

- Les étudiants font l'exercice a à deux.
- Correction collective. Le professeur recueille les avis, sans donner le sien.
- Les étudiants écoutent ensuite les déclarations et prennent des notes.
- Correction collective.
- Les étudiants font l'exercice c individuellement.

Corrigé

Exercice b

- Pour Julien Texier, la restauration rapide est un secteur intéressant parce que les gens ont moins d'argent et moins de temps pour manger (les pauses-déjeuner sont plus courtes).
- Pour Émilie Hamel, l'assistance aux personnes âgées est un secteur d'avenir parce que la population vieillit.
- Pour Frank Benhamou, les laveries automatiques (ou libre-service) sont rentables pour quatre raisons :
    1. Elles fonctionnent sans personnel (les machines tournent toutes seules).
    2. Il n'y a pas de stocks (donc pas de gestion de stocks à financer).
    3. Il n'y a pas de mauvais payeurs, car les clients paient au comptant.
    4. Il y aura toujours des étudiants qui ne sont pas équipés de machine à laver (et qui donc ont besoin d'une laverie automatique).

Activité 4, page 29

Suggestions :

- Les étudiants rédigent un résumé individuellement.
- Correction collective.
- Le professeur anime une discussion sur la question de savoir si tel ou tel pays est une économie entrepreneuriale (voir « Pour votre information »).

Corrigé

Exercice a

Proposition

Une économie entrepreneuriale a besoin de trois ingrédients : du capital, du savoir-faire et de la rébellion. De plus, il faut que ces trois ingrédients se mélangent. *(27 mots)*

Bilan de compétences (pages 30 à 33)

A. Lire (pages 30 et 31)

Activités 1, 2 et 3, pages 30 et 31

Suggestions

- Activité 1 : les étudiants s'entendent à deux sur une réponse commune.
- Activités 2 et 3 : à faire individuellement.
- Correction collective.

unité 2

Corrigé

Activité 1

Proposition

Seule la phrase 3 résume, en l'englobant, la totalité du texte. Elle récapitule en effet l'un et l'autre paragraphes du texte : le premier paragraphe concerne la présentation et le deuxième le contenu. Les phrases 1, 2, 5 sont des résumés partiels. Elles ne font référence qu'à une partie du texte : la phrase 1 résume le premier paragraphe et laisse le deuxième à l'écart ; la phrase 2 reprend seulement une idée du texte (« Donnez-leur envie de lire votre business plan »), tout comme la phrase 5 (« Sachez concilier soin du détail et concision »). Quant à la phrase 4, elle est inexacte : au contraire, il faut donner des détails (tout en restant concis, en utilisant peu de mots).

Activité 2

Exercice a

1. *Nom de la société* : Infotique – **2.** *Type de société* : SARL – **3.** *Date de la rédaction des statuts* : 18 mai 2017 – **4.** *Siège social* : 182 rue Colbert, Lille – **5.** *Objet* : conseil et formation dans les domaines de l'informatique et du multimédia – **6.** *Durée de vie* : 99 ans – **7.** *Montant du capital* : 37 000 euros – **8.** *Montant d'une part sociale* : 37 euros – **9.** *Dirigeant* : Brigitte Lafarge, gérante – **10.** *Lieu d'immatriculation* : Registre du commerce et des sociétés de Lille

Exercice b

La société Infotique a été constituée par acte sous **seing privé** le **18 mai 2017** à **Lille** sous la forme juridique d'une **SARL**. À partir du jour où elle sera immatriculée au **Registre du commerce et des sociétés**, elle acquerra la personnalité juridique. Sa durée de vie maximale ne pourra pas excéder **99 ans**. Infotique est représentée par Mme **Brigitte Lafarge**, sa **gérante**.

Activité 3

4. Nous vous conseillons dans pratiquement tous les domaines (« Nous vous conseillons aussi bien sur les plans juridique que financier, comptable, stratégique, commercial et marketing. »). – **1.** Créer une entreprise est une aventure risquée (« La création d'entreprise est un projet risqué. »). – **7.** Vous pouvez nous contacter par courrier électronique ou par téléphone (« Vous pouvez envoyer un e-mail à… »). – **3.** Il n'est pas suffisant d'avoir une idée pour réussir (« Avoir une idée ne suffit pas. »). – **2.** Les échecs sont dus à plusieurs raisons (« L'expérience montre qu'il existe trois causes d'échec. »). – **5.** Nous vous disons si votre projet est réalisable (« l'appréciation de sa faisabilité »). – **6.** Nous pouvons vous fournir une estimation de prix de notre prestation (« Cette prestation de conseil est exclusivement réalisée sur devis. »).

B. Écouter (page 32)

Activités 1 et 2, page 32

Suggestions

- Pour l'activité 2, il est important de laisser aux étudiants le temps de lire attentivement le texte, avant qu'ils n'écoutent, de façon à ce qu'ils puissent anticiper les réponses. Peuvent-ils déjà, avant l'écoute, deviner certaines mentions manquantes ?
- Faire écouter deux fois.
- Correction collective.
- Voir « Comment écouter », page 22.

Corrigé

Activité 1

Mme A. : 2. Le manque de capitaux. – **M. B.** : 5. La conjoncture économique. – **Mme C.** : 1. Le manque de relations. – **M. D.** : 4. Les obligations familiales. – **Mme E.** : 3. Le manque d'expérience.

Activité 2

1. mécanique. – **2.** études. – **3.** l'intuition. – **4.** 13 %. – **5.** 12. – **6.** fortune. – **7.** l'automobile. – **8.** courses. – **9.** mort. – **10.** diversifie. – **11.** moteur. – **12.** l'aviation. – **13.** guerre. – **14.** prison. – **15.** 1944.

C. Écrire (page 33)

Suggestions

- Cet exercice d'écriture est aussi un exercice de lecture. Faire lire d'abord les articles du code du travail et demander aux étudiants de reformuler.
- Voici une proposition de reformulation :
  - Art. L. 122-32-12 : Un salarié peut prendre un congé d'un an pour créer une entreprise.
  - Art. L. 122-32-13 : Pour avoir droit à ce congé, il faut avoir travaillé au moins trois ans dans l'entreprise.
  - Art. L. 122-32-14 : Trois mois avant son départ, le salarié doit envoyer une lettre recommandée avec accusé de réception à son employeur pour l'informer de la durée de son congé. Dans cette lettre, il doit préciser l'activité de l'entreprise qu'il a l'intention de créer.
- Les étudiants complètent la lettre individuellement.
- Correction collective.

Corrigé

Proposition

Nom et adresse du salarié

Société Lauréade
63, rue Voltaire
93700 Drancy

Lieu, date*

Objet : **congé pour création d'entreprise**
Lettre **recommandée** avec **accusé de réception**

Monsieur le Directeur,

Je vous informe que je souhaite bénéficier d'un **congé** d'un **an** à compter du **1ᵉʳ septembre 2020** pour créer une **entreprise**, conformément aux dispositions des articles L 122-32-12 et suivants du **Code** du travail.

En effet, je souhaite depuis longtemps ouvrir **une laverie automatique** et une opportunité s'offre aujourd'hui à moi pour **réaliser/concrétiser** ce projet.

Je vous précise que je remplis les conditions d'**ancienneté** requises puisque **je travaille** depuis plus de **trois ans** dans votre entreprise.

Veuillez recevoir, **Monsieur le Directeur, mes salutations respectueuses.**

Signature
Nom

---

* au moins trois mois avant le 1ᵉʳ septembre 2020.

unité 2

Pour votre information

Voici le texte intégral des articles du Code du travail dont il est fait mention dans cet exercice. (Loi n° 84-4 du 3 janvier 1984).

Art. L. 122-32. 12 – Le salarié a droit, dans les conditions fixées à la présente section, à un congé pour la création d'entreprise s'il se propose de créer ou de reprendre une entreprise, au sens du 1° de l'article L. 351-24 du présent code.

La durée de ce congé, pendant lequel le contrat de travail est suspendu, est fixée à un an. Elle peut être portée à deux ans dans les conditions fixées à l'article L. 122-32-14.

Art. L. 122-32. 13 – Le droit au congé pour la création d'entreprise est ouvert au salarié qui, à la date de départ en congé, justifie d'une ancienneté dans l'entreprise d'au moins trente-six mois, consécutifs ou non.

Art. L. 122-32. 14 – Le salarié informe son employeur, par lettre recommandée avec demande d'avis de réception, au moins trois mois à l'avance, de la date de départ qu'il a choisie, ainsi que de la durée envisagée de ce congé. Il précise l'activité de l'entreprise qu'il prévoit de créer ou de reprendre.

Dans le cas où la durée du congé est portée à deux ans, le salarié en informe son employeur, par lettre recommandée avec demande d'avis de réception, au moins trois mois avant le terme de la première année de congé.

D. Parler (page 33)

 Jouez à deux

Suggestions

• Voir « Comment jouer à deux », page 12.

Corrigé

Personne A

1. 120. – **2.** 15. – **3.** communiste clandestine. – **4.** village de vacances. – **5.** sports de mer. – **6.** s'associent.

Personne B

1. belge. – **2.** 400 mètres de natation (dos). – **3.** matériel de camping. – **4.** d'argent. – **5.** le théâtre. – **6.** journaliste. – **7.** tourisme de masse.

unité 3 Ressources humaines

1. Contrat de travail (pages 34 et 35)

Objectifs
- Analyser le contenu d'un contrat de travail.
- Définir les obligations du salarié et de l'employeur.
- Remplir un questionnaire d'embauche.
- → Point grammaire : les pronoms relatifs composés.

Activités 1 et 2, page 34

Suggestions
- Les étudiants lisent la leçon du jour et font l'activité 1 individuellement.
- Développer certains points de la fiche « Ressources » (voir ci-dessous « Pour votre information »).
- Correction collective de l'activité 1.
- Les étudiants font ensuite l'activité 2 individuellement.
- Correction collective de l'activité 2.

Corrigé

Activité 1

1. Pendant la **période d'essai**, les parties [...]. – **2.** Si le contrat est à durée **déterminée**, il prend fin [...]. – **3.** En France, la **durée** légale du travail [...]. – **4.** [...] les salariés occupent des **postes** [...]. – **5.** [...] leurs **obligations** : l'employeur doit payer le **salaire** convenu, le salarié doit exécuter le travail sous **l'autorité** de l'employeur.

Activité 2

Payer le loyer et *partager les bénéfices* ne sont pas des obligations du salarié. C'est l'employeur, locataire des locaux professionnel, qui paie le loyer. Ce sont les associés, porteurs de parts (dans la SARL) ou actionnaires (dans la SA), qui se partagent les bénéfices.

> ### Pour votre information
>
> **Preuve du contrat de travail**
>
> En droit français :
> – Au départ, le contrat de travail peut être oral ou écrit (lettre d'engagement, par exemple).
> – L'employeur doit remettre un bulletin de salaire au salarié au moment de lui verser le salaire, généralement à la fin du mois. Le bulletin de salaire est un décompte détaillé des divers éléments de la rémunération : nom du salarié, nom et adresse de l'employeur, poste occupé par le salarié, montant des primes, montant des cotisations sociales payées par l'employeur aux administrations de la Sécurité sociale, période de travail prise en compte, nombre d'heures de travail effectuées (normales et supplémentaires), etc. Le bulletin de salaire est une preuve écrite du contrat de travail.
>
> **Salarié vacataire et salarié mensualisé**
>
> Un salarié est un travailleur qui fournit une prestation de travail à un employeur qui le paie et qui lui donne des ordres. Le salarié vacataire (en anglais, *wage earner*) est payé à la vacation, c'est-à-dire au nombre d'heures de travail réellement effectuées. Le salarié mensualisé (en anglais, *salary earner*) reçoit le même salaire chaque mois.
>
> **Salaire minimum**
>
> Dans de nombreux pays, la rémunération ne peut pas être inférieure à un certain montant. En France, c'est le SMIC, le salaire minimum interprofessionnel de croissance (« interprofessionnel » car il s'applique à toutes les professions, et « de croissance » car il augmente chaque année, selon la hausse des prix).
>
> **Durée du travail**
>
> En France, en principe, la durée légale du travail (à plein temps) est de 35 heures par semaine. Toute heure supplémentaire doit être payée à un taux majoré.

Activité 3, page 35

Suggestions

- Les étudiants font les exercices individuellement.
- Correction collective après chaque exercice.

Corrigé

Exercice a

La première phrase de la lettre est la plus importante : « À la suite de notre entretien du 3 mars 2020, nous avons le plaisir de vous confirmer votre engagement à compter du 1er avril prochain pour une durée indéterminée en qualité d'analyste financière. »

Exercice b

nous sommes heureux de : nous avons le plaisir de… – *votre embauche* : votre engagement… – *comme* : en qualité de… – *vous vous occuperez* : vous serez en charge de… – *vous serez sous l'autorité directe de* : vous serez directement rattachée au… – *est égale à* : s'élève à… – *nous sommes tombés d'accord sur* : nous sommes convenus de… – *rompre* : résilier… – *reçoivent votre accord* : vous conviennent.

Exercice c

> **QUESTIONNAIRE D'EMBAUCHE**
>
> Nom et prénom : Gonzalez Ayako
> Poste : **analyste financière**
> Fonctions : **en charge des marchés asiatiques**
> Période d'essai : **trois mois**
> Durée du contrat : **indéterminée**
> Lieu de travail : **siège social (boulevardd Haussmann, Paris)**
> Rémunération : **58 000 euros brut par an**

→ Point grammaire, page 35

2. Quelles sont les raisons **pour lesquelles** vous voulez travailler avec nous ?
3. Quelle est la langue **dans laquelle** vous vous sentez le plus à l'aise ?
4. Quel est le loisir **auquel** vous consacrer le plus de temps ?
5. Quelles sont les qualités **auxquelles** vous attachez de l'importance ?

👥 Jouez à deux, page 35

Suggestions

- Voir « Comment jouer à deux », page 12.

Corrigé

Personne A

Depuis le **1er juin**, Jacques Tati travaille à **Bordeaux**. Il a été engagé comme **vendeur** par le magasin Fayette pour une durée de **quatre** mois. Il reçoit un salaire mensuel de **1 180 €** ainsi qu'une commission de **3 %** sur le montant des ventes réalisées.

2. Profil de manager (pages 36 et 37)

Objectifs

- Consulter une offre d'emploi.

- Examiner les différents moyens de recrutement.
- Dresser le profil du manager.
- Rédiger un e-mail sur un ton « diplomatique ».
→ Point grammaire : l'hypothèse.

Activité 1, page 36

Suggestions
- Les étudiants font l'activité individuellement, sans l'aide du professeur.
- Correction collective. Analyser l'annonce : le candidat doit envoyer un CV (curriculum vitae) et une lettre de motivation ; il doit mentionner la référence DG dans sa lettre (« S/réf DG » : sous référence Directeur Général), une expérience de terrain qui se réfère à une expérience sur les lieux mêmes de l'action (dans l'hôtel, et non pas, par exemple, dans les bureaux du siège social d'un groupe hôtelier), etc.

Corrigé

> **PROFIL DU CANDIDAT**
> - Sexe : homme ou femme
> - Âge : entre 35 et 40 ans
> - Formation : grande école de commerce ou hôtelière
> - Langue(s) : anglais, et si possible d'autres langues
> - Expérience professionnelle : expérience du terrain de plusieurs années
> - Savoir-faire : savoir motiver et diriger le personnel, connaître le marketing, être un bon gestionnaire
> - Qualités : créatif, communicatif, enthousiaste

Activité 2, page 36

Suggestions
- Les étudiants font l'exercice individuellement (et de préférence à la maison).
- Correction collective.

Corrigé

1. *Combien de moyens de recrutement cite l'article ? Quels sont-ils ?* L'article cite dix moyens de recrutement : les cabinets de recrutement, les offres d'emploi, les candidatures spontanées, les CVthèques, les réseaux de connaissances, les associations d'anciens élèves, les forums organisés par les écoles ou universités, les salons professionnels, les réseaux sociaux, les chasseurs de têtes.

2. *En connaissez-vous d'autres ?* On peut citer :
- les concours organisés dans certains pays, comme en France, pour la fonction publique ;
- les annuaires d'anciens élèves ;
- les salons virtuels de recrutement, qui sont organisés par des écoles ou universités et qui reproduisent en ligne l'environnement des salons de recrutement. Ils sont accessibles 24 heures sur 24, de n'importe où dans le monde, et permettent d'échanger pour trouver un stage ou un emploi.

3. *Quel est le moyen préféré des recruteurs ?* D'après l'article, c'est l'offre d'emploi.

4. *Comment les utilisateurs utilisent-ils les réseaux sociaux ?* Les réseaux sociaux permettent aux recruteurs de valider ou de compléter les informations contenues dans les CV des candidats.

5. *L'entretien se passera-t-il bientôt exclusivement sur Internet ?* Difficile à dire. On peut toutefois douter que les échanges virtuels puissent remplacer complètement les échanges physiques, et penser que les recruteurs ressentiront encore longtemps le besoin de rencontrer « physiquement » les candidats avant de prendre la décision d'embaucher.

unité 3

| Pour votre information

Quelle différence entre un cabinet de recrutement et un chasseur de tête ?

L'approche classique d'un cabinet de recrutement consiste à diffuser une annonce sur Internet ou dans la presse afin de recueillir des candidatures. La diffusion est globale, et la recherche va donc du candidat vers le recruteur : ce sont les candidats qui viennent vers l'entreprise en faisant acte de candidature.

La plupart du temps, le chasseur de têtes cherche à pourvoir des postes qui n'apparaissent pas forcément sur le marché du travail. Il approche directement (et discrètement) des professionnels qui sont en poste et qui, a priori, ne cherchent pas d'emploi. Il va essayer de les débaucher pour les proposer à une autre entreprise (souvent concurrente). Pour ce faire, il utilise son réseau et tous les outils utiles, comme des annuaires d'anciens élèves, des réseaux sociaux, des CVthèques, etc.

Activité 3, page 37

Suggestions

- Avant de faire l'exercice, la classe analyse la situation. La situation et la consigne doivent être claires pour tout le monde.
- Les étudiants cherchent des éléments de réponse à deux. Le professeur les encourage à faire toutes sortes d'hypothèses. Temps de préparation : 5 minutes.
- Correction collective. Pour compléter ou susciter certaines réponses, le professeur peut poser les questions suivantes :
- Nathalie Dupuis est-elle plus âgée que les vendeurs ?
- A-t-elle plus d'ancienneté dans l'entreprise que les vendeurs ?
- Connaît-elle mieux le marché que les vendeurs ?
- Pourquoi occupe-t-elle déjà un poste de direction ?

Corrigé

Proposition

Nathalie n'est pas appréciée des vendeurs pour les raisons suivantes : elle est jeune, elle a sans doute peu d'expérience professionnelle, elle ne connaît pas l'entreprise, ni peut-être le produit et le secteur, elle vient d'un milieu social autre que celui des vendeurs, elle sort d'un grande école (elle croit probablement tout savoir), c'est une femme, les vendeurs sont jaloux, etc.

| Pour votre information

Une spécificité française : les grandes écoles

Les « grandes écoles » sont des établissements d'enseignement supérieur, souvent gérés par l'État, mais indépendants des universités. On y accède par un concours qui se prépare en deux ans, après le baccalauréat, dans des classes spéciales de lycée, dites « classes préparatoires ».

Il est difficile de trouver dans d'autres pays un système aussi sélectif que celui-là. Certes, partout, des universités sont considérées meilleures que d'autres. Mais ces universités, aussi réputées soient-elles, accueillent des milliers d'étudiants, alors que les « grandes écoles » françaises, peu nombreuses, ne reçoivent chacune que quelques centaines d'élèves (on parle généralement des élèves d'une école et des étudiants d'une université).

Sur 800 000 jeunes d'une classe d'âge, environ 500 000 obtiennent le baccalauréat. Parmi eux, 36 000 s'inscrivent dans une classe préparatoire aux concours des grandes écoles. Environ 4 000 réussissent à entrer dans l'une des quelque dix grandes écoles qui comptent en France. 4 000 sur 800 000 jeunes, soit 0,5 %. De plus, seuls ceux qui ont obtenu le meilleur rang de sortie peuvent prétendre accéder aux plus hautes fonctions.

Parmi les grandes écoles, on peut citer :
- L'ENA (École nationale d'administration), qui forme les cadres de l'État et aussi, de plus en plus, ceux des grandes entreprises.
- Les écoles normales supérieures, qui forment des professeurs pour l'enseignement secondaire (lycées) ou supérieur. De ces écoles sont sortis des prix Nobel comme Louis Pasteur, Jean-Paul Sartre (qui a refusé le Nobel), Henri Bergson, Jules Romains, Jean Giraudoux, etc.
- Les écoles d'ingénieur comme l'École polytechnique (créée en 1794) ou l'École centrale.
- Les écoles de commerce (qu'il serait plus approprié d'appeler « écoles de gestion » parce qu'on y enseigne autre chose que le commerce), comme HEC (Hautes Études commerciales), l'ESCP (École supérieure de commerce de Paris), l'ESSEC (École supérieure de sciences économiques et commerciales). C'est dans ce type d'école que Nathalie a étudié.

Activité 4, page 37

Suggestion

- Exercice et correction collectifs.

Corrigé

Proposition

- L'e-mail de Nathalie Dupuis est très maladroit. Le ton est sec, peu diplomatique, autoritaire (« j'attends un rapport »), voire légèrement agressif (« TOUS les rapports »). Elle ne se présente pas, elle commence par demander (« je vous demande de »), sans expliquer la situation, elle ne remercie pas.

Activité 5, page 37

Suggestions

- Avant de répondre aux questions, la classe analyse la situation. La situation ainsi que les consignes doivent être claires pour tout le monde.
- Par groupes de deux ou trois, les étudiants imaginent ce qui a bien pu se passer. Temps de préparation : 5 minutes. Toutes les hypothèses sont les bienvenues.
- Correction collective. Le professeur recueille les différentes hypothèses, sans porter de jugement. *Ex.* : la concurrence est trop forte, un espion a prévenu les clients de Beck qu'une nouvelle machine serait bientôt lancée, les vendeurs n'ont rien vendu dans l'espoir que Nathalie serait licenciée en raison des mauvais résultats de son service, il y a eu une défaillance technique sur les anciens distributeurs, etc. Une fois qu'un certain nombre d'hypothèses ont été émises, le rôle du professeur consiste à orienter la discussion vers l'hypothèse la plus probable, telle qu'elle est proposée dans le corrigé ci-dessous.

Corrigé

Proposition

Dans cet e-mail, Nathalie demande aux vendeurs de mentir aux clients. Mensonge par omission, mais mensonge tout de même. Les vendeurs ont-ils intérêt à mentir ? À court terme, peut-être, car en vendant une machine ils touchent immédiatement une commission. À long terme, non, car ils risquent de perdre des clients : tôt ou tard, en effet, les clients se rendront compte qu'ils ont acheté une machine obsolète. En fait, les vendeurs ont tous eu la même réaction : ils ont informé discrètement chaque client du prochain lancement d'une nouvelle machine. Ce n'est pas la seule hypothèse, mais c'est la plus probable.

De plus, les vendeurs ne sont pas mécontents de s'opposer à Nathalie, qu'ils n'apprécient pas. Nous sommes dans une situation où les vendeurs se sentent plus proches de leurs clients que de la direction de l'entreprise. Autrement dit, une situation où la base se sent éloignée de la direction de son entreprise.

Activité 6, page 37

Suggestions

- Le professeur peut compléter les consignes de l'exercice a par d'autres questions : Que faudrait-il modifier dans l'e-mail du 5 janvier ? Que faire pour écouler les anciens produits ? N'y a-t-il pas d'autres moyens que de garder secret le lancement du nouveau modèle ?
- Exercice et correction collectifs.
- Les étudiants font l'exercice b individuellement, en classe ou à la maison.

Corrigé

Exercice a

Proposition

Nathalie invite les vendeurs à une réunion, voire à un déjeuner de travail. À cette occasion, elle explique la situation et elle leur demande leur avis. Bref, elle écoute et elle fait participer les vendeurs à la décision. Plutôt que de mentir aux clients, mieux vaut leur proposer les anciennes machines à un prix promotionnel. Les clients ont alors le choix entre l'ancienne machine et la nouvelle, plus performante, mais plus chère. Pour les inciter à porter leurs efforts sur l'ancienne machine, les vendeurs reçoivent une prime exceptionnelle pour chaque ancienne machine vendue.

Exercice b

Proposition

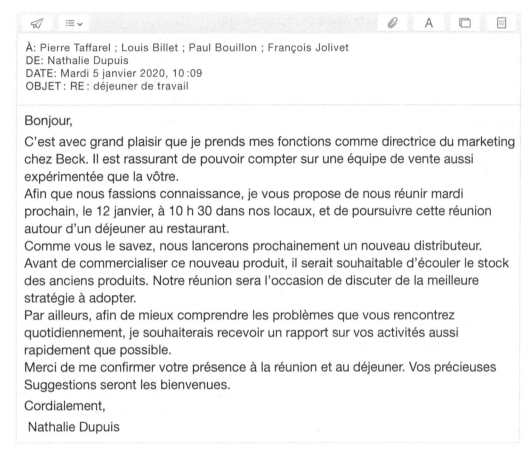

À : Pierre Taffarel ; Louis Billet ; Paul Bouillon ; François Jolivet
DE : Nathalie Dupuis
DATE : Mardi 5 janvier 2020, 10 :09
OBJET : RE : déjeuner de travail

Bonjour,

C'est avec grand plaisir que je prends mes fonctions comme directrice du marketing chez Beck. Il est rassurant de pouvoir compter sur une équipe de vente aussi expérimentée que la vôtre.

Afin que nous fassions connaissance, je vous propose de nous réunir mardi prochain, le 12 janvier, à 10 h 30 dans nos locaux, et de poursuivre cette réunion autour d'un déjeuner au restaurant.

Comme vous le savez, nous lancerons prochainement un nouveau distributeur. Avant de commercialiser ce nouveau produit, il serait souhaitable d'écouler le stock des anciens produits. Notre réunion sera l'occasion de discuter de la meilleure stratégie à adopter.

Par ailleurs, afin de mieux comprendre les problèmes que vous rencontrez quotidiennement, je souhaiterais recevoir un rapport sur vos activités aussi rapidement que possible.

Merci de me confirmer votre présence à la réunion et au déjeuner. Vos précieuses Suggestions seront les bienvenues.

Cordialement,

Nathalie Dupuis

→ **Point grammaire, page 37**

Corrigé

Exercice 1

Proposition

1. Si vous ***respectez*** vos collaborateurs, ils vous ***respectent*** aussi. – **2.** Si un candidat ne ***maîtrise*** pas le français, nous ne l'***embauchons*** pas. – **3.** Si vous ***atteignez*** vos objectifs mensuels, vous ***recevez*** une prime. – **4.** Si le responsable des ventes ne ***sait*** pas motiver ses vendeurs, les ventes ***déclinent***.

Exercice 2

1. c – **2.** b – **3.** d – **4.** a.

3. Organisation du travail (pages 38 et 39)

Objectifs

• Reconnaître et analyser différentes formes d'organisation du travail : du travail à la chaîne à la démocratie dans le travail.
• Décrire par écrit l'organisation du travail dans une entreprise « traditionnelle ».
→ Point grammaire : le futur simple et le futur antérieur.

Activité 1, page 38

Suggestions
- Les étudiants répondent aux questions par groupe de deux.
- Correction collective.

Corrigé
1. *Quelle forme d'organisation critique ce texte ?* Le *lean management*.
2. *Dans les deux exemples cités, en quoi le temps considéré comme perdu peut-il au final s'avérer utile ?* Exemple 1 : Chercher un boulon est l'occasion de faire quelques pas et de se décontracter les muscles. Ces déplacements jugés inutiles contribuent pourtant à maintenir les travailleurs en bonne santé. – Exemple 2 : Bavarder avec le malade, c'est prendre soin de lui, dit le texte. Ces moments d'échange ne sont donc pas du temps perdu.
3. Un exemple de temps prétendument perdu qui peut s'avérer utile : les pauses-café autour du distributeur permettent de se détendre (physiquement et moralement) et de créer du lien social (avec les collègues).

Activité 2, page 38

Suggestions
- Les étudiants répondent aux questions par groupe de deux.
- Correction et discussion collective.

Corrigé
1. *Principal inconvénient du travail à la chaîne* : C'est « terriblement ennuyeux ».
2. *Comment les ouvriers expriment-ils leur « ras-le-bol »* : absentéisme, rotation rapide du personnel (turnover), actes de sabotage, défauts de fabrication.
3. *Conséquences négatives* : « Tout cela coûte cher et a un effet désastreux sur la productivité. »
4. *Avantages au travail à la chaîne* : Le travail à la chaîne consiste à diviser le travail en une multitude de tâches, chaque ouvrier étant chargé d'accomplir une tâche précise. D'après Henry Ford (fiche « Ressources »), les ouvriers n'ont pas besoin de penser, ce qui serait un avantage, et la productivité augmente. Ils sont interchangeables.
5. *Le travail à la chaîne a-t-il disparu des pays développés ?* La réponse est non. Dans la restauration rapide, par exemple, le client doit être vite servi, le travail doit être vite exécuté. Tout est chronométré, pas de gestes inutiles, pas de parole en l'air. Autre exemple : les centres d'appel, où l'organisation du travail est fortement taylorisée. Chez Timing, le sous-traitant d'une grande entreprise de télécommunication, 500 opérateurs répartis sur 5 niveaux traitent jusqu'à 80 000 appels par jour. 48 secondes : c'est la durée moyenne des communications, avec 7 secondes de pause entre chaque appel. Ces services se prêtent à une hyperspécialisation du travail.
6. *Pour motiver les travailleurs à leur travail*, on peut :
    - enrichir les tâches : les ouvriers ne sont plus spécialisés, ils deviennent polyvalents ;
    - leur confier des responsabilités ;
    - leur offrir des primes de rendement ;
    - leur assurer des promotions ;
    - créer un environnement de travail agréable : au sein de l'entreprise, on peut pratiquer des activités culturelles ou sportives, etc.

> ### Pour votre information
>
> #### Ouvriers spécialisés et ouvriers qualifiés
> Les ouvriers spécialisés (OS) sont spécialisés dans l'accomplissement d'une tâche unique, simple, répétitive. Attention : « spécialisé » ne veut pas dire « spécialiste ». Un OS n'a besoin d'aucune formation pour exercer son métier. En revanche, les ouvriers qualifiés (ou professionnels) ont suivi une formation diplômée (menuisier, plombier, etc.).

unité 3

Activité 4, page 38

Suggestions

- Les étudiants font l'exercice a individuellement. Temps de préparation : 5 minutes.
- Correction collective des exercices a et b. Relever les différences entre les méthodes de Semco et celles d'une entreprise traditionnelle. Quelle est la méthode la plus fréquente ? Quelle est la plus efficace ? Peut-on permettre aux salariés de s'habiller comme ils veulent ? Tout le monde peut-il connaître le salaire de tout le monde ? Etc. Les réponses dépendent souvent de la culture et de l'activité de l'entreprise. La tenue vestimentaire sera, par exemple, plus formelle chez les banquiers que chez les journalistes.
- Pour un exercice (de grammaire) supplémentaire, on peut imaginer que Semco est une entreprise du futur et mettre le texte au futur : « Chez Semco, la porte [...] *sera* toujours grand ouverte. Si un salarié [...] il *pourra* entrer [...]. Tout le monde *connaîtra* les salaires de [...]. On *viendra* au bureau [...]. Manuel, le directeur commercial, *mangera* des gâteaux [...]. Les ouvriers *seront* polyvalents. [...] ils se *répartiront* les tâches et *contrôleront* eux-mêmes [...] Quand un collaborateur de Semco *prendra* l'avion [...], il *pourra* choisir [...]. On lui *attribuera* un budget [...]. Les rapports *seront* réduits au minimum. »

Corrigé

Exercice a

1. *Chez Semco, on fait peu de réunions* : VRAI. (Les réunions sont réduites au minimum.)
2. *La transparence est importante* : VRAI. (« Tout le monde connaît le salaire de tout le monde. »)
3. *La distance hiérarchique est longue* : FAUX. (« Chez Semco, la porte du directeur général est toujours grand ouverte. Si un salarié, n'importe quel salarié, a une question, n'importe quelle question, il peut entrer et poser sa question. »)
4. *Chacun peut travailler à son aise* : VRAI. (« On vient en bureau en cravate ou en jean. Manuel, le directeur commercial, mange des gâteaux toute la journée. Et Iago, son assistant, travaille les pieds sur la table. »).
5. *On est occupé à des tâches diverses* : VRAI (« Les ouvriers sont polyvalents. »)
6. *Les salariés sont autonomes* : VRAI. (« Au sein de leurs équipes, ils se répartissent les tâches et contrôlent eux-mêmes la qualité de leur travail. »)
7. *Il y a beaucoup de paperasserie* : FAUX. (« Les notes de service, les compte rendus, les rapports sont réduits au minimum. »)

Exercice b

Chez Semco, l'organisation du travail réunit les principales caractéristiques d'une organisation apprenante : autonomie, autocontrôle, liberté, etc.

Activité 5, page 39

Suggestion

- Travail individuel, à faire à la maison.

Corrigé

Proposition

Une visite chez Midipile

En arrivant chez Midipile, vous vous adressez à l'hôtesse d'accueil. C'est une personne souriante, au sourire commercial. Une fois que vous avez expliqué la raison de votre visite, elle vous demande de patienter un instant. Vous vous asseyez dans un fauteuil confortable.

En attendant, vous regardez autour de vous. Il y une horloge de pointage dans la salle. Ici, les horaires ne sont pas flexibles : les heures de départ et d'arrivée au travail sont les mêmes pour tous. Les salariés sont tenus de pointer sous l'œil critique de l'hôtesse d'accueil, qui vérifie au passage que leur tenue vestimentaire est bien conforme au règlement. Le costume-cravate est obligatoire pour les hommes. Les femmes doivent porter un tailleur, et le pantalon leur est strictement interdit. En sortant de chez Midipile, les employés doivent présenter leur sac à l'agent de sécurité. La secrétaire de la personne à qui vous rendez visite vient d'arriver. Elle vous demande de la suivre. Vous traversez un labyrinthe de longs couloirs vides. Toutes les portes sont fermées.

Derrière ces portes, tout le monde travaille en silence, sous le contrôle d'un supérieur hiérarchique. Les responsables de service sont nommés par le directeur général, sur proposition du directeur des ressources humaines. Dans cette entreprise, la hiérarchie est pyramidale. Chacun s'occupe seulement de ce qu'il doit faire. Les directeurs ont tous une secrétaire parce qu'ils ont des responsabilités trop importantes pour s'occuper de tâches subalternes.

Le bureau du grand patron se trouve au dernier étage. Il a trois secrétaires. Il est impossible pour un simple employé de le rencontrer. D'ailleurs, beaucoup de salariés ne l'ont vu qu'une ou deux fois, et seraient bien incapables de le reconnaître. Le salaire est un sujet tabou. Tout le monde, du simple employé au grand patron, est d'accord pour dire qu'il s'agit d'une affaire privée, strictement confidentielle.

Les réunions sont fréquentes. Nombreuses aussi les procédures administratives, les notes de services, les rapports. Les procédures de contrôle sont strictement appliquées. Prenons le cas des voyages d'affaires. Le budget d'un voyage d'affaires est géré par le directeur financier. Comme les salaires, il est tenu secret. Les notes de frais font l'objet d'un contrôle très strict. Chez Midipile, on fait confiance au personnel, mais on se sent plus tranquille en le surveillant.

→ **Point grammaire, page 39**

Corrigé

2. seront nés, travaillera. – **3.** sera devenu, travailleront. – **4.** aura révolutionné, prendront. – **5.** aura, aura disparu. – **6.** auras lu, diras.

4. Réunion de travail (pages 40 et 41)

Objectifs
- Réussir une réunion.
- Préparer/assister à/animer une réunion.
- Rédiger un compte rendu de réunion.
- → Point grammaire : les pronoms et les adjectifs indéfinis.

Activité 1, page 40

Suggestions
- Chaque étudiant note par écrit, en quelques mots, une ou deux raisons pour lesquelles une réunion peut être inefficace. Le professeur encourage les étudiants à faire toutes sortes d'hypothèses.
- Correction collective. Faire un tour de table : chacun propose une raison.

Corrigé
Proposition

Les raisons ne manquent pas : la réunion est trop longue, elle n'était pas nécessaire, l'ordre du jour n'est pas respecté, il n'y a pas d'ordre du jour, une personne monopolise la parole, les participants parlent dans tous les sens, la réunion n'aboutit à rien de concret, il y a beaucoup d'absents, etc.

Activité 2, page 40

Suggestions
- Les étudiants font l'exercice individuellement. Temps de préparation : 5 minutes.
- Correction collective.

Corrigé
Proposition

(Valentin) Avant la réunion, Mme Savary devrait envoyer une note de service aux participants pour les informer de l'objet de la réunion. Elle a peut-être besoin d'un(e) secrétaire.

unité 3

(Catherine) Si seules les personnes concernées étaient conviées à la réunion, la salle, même minuscule, conviendrait peut-être. Dans des cas exceptionnels, on peut envisager de louer une salle à l'extérieur. Pour réduire le nombre de réunions et de participants à ces réunions, les salariés de Lauréade devraient échanger un maximum informations par Intranet.

(Zoé) Deux problèmes : trop de réunions et trop de participants. Il faut donc réduire le nombre de réunions et inviter uniquement les personnes concernées.

(Guillaume) L'organisateur ou l'animateur de la réunion doit donner un ordre du jour précis, faire en sorte que cet ordre du jour soit respecté et, si besoin, se montrer autoritaire. Mais que faire si Mme Savary est une piètre animatrice ?

→ Point grammaire, page 40

Corrigé

1. On… – **2.** aucun… – **3.** quelque chose… – **4.** Personne… – **5.** Chacun, rien… – **6.** certains, d'autres… – **7.** Quelqu'un… – **8.** quelque part, nulle part.

Activité 3, page 41

Suggestions

- Les étudiants font l'exercice individuellement.
- Correction collective

Corrigé

1b – **2**a – **3**d – **4**g – **5**c – **6**e – **7**f*

* *Nous avons fait le tour de la question* = Nous avons traité tous les aspects du sujet.

Activité 4, page 41

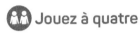 Jouez à quatre

Suggestions

- Analyser la situation, qui doit être parfaitement claire pour tout le monde. Apporter des explications complémentaires (voir « Pour votre information », ci-dessous).
- Former quatre groupes.
- Les membres de chaque groupe choisissent parmi eux celui qui jouera et l'aident à préparer son rôle. Le président devra être particulièrement dynamique. Temps de préparation : environ 20 minutes.
- Pendant que les étudiants préparent la réunion, le professeur s'assure auprès de chaque groupe que les consignes sont bien comprises. Ces consignes doivent être strictement respectées. Celles du président sont particulièrement importantes. Par exemple, au début de la réunion, le président doit expliquer clairement aux observateurs, soit au reste de la classe, qu'ils doivent prendre des notes pour pouvoir ensuite rédiger un compte rendu.
- Aménager l'espace de la réunion de sorte que tout le public puisse bien observer et entendre ce qui se passe pendant la réunion.
- La réunion devrait durer de 10 à 15 minutes. Vers la fin de la réunion, comme l'indiquent les consignes, les participants doivent adhérer au projet du président, sans discuter. Il ne faut pas que la réunion s'éternise.

> **Pour votre information**
>
> **Une institution représentative du personnel : le comité d'entreprise**
>
> En France, les entreprises d'au moins cinquante salariés ont un comité d'entreprise. Le rôle de ce comité est de représenter les travailleurs de l'entreprise. Les membres du comité sont élus par les salariés de l'entreprise.
>
> Le comité d'entreprise est consulté sur certaines décisions (licenciements collectifs, formation, etc.). Il coopère à l'amélioration des conditions de travail. Par ailleurs, il gère un certain nombre d'activités sociales et culturelles : cantine, crèche, bibliothèque, organisation de voyages, etc.
>
> L'employeur lui verse une subvention de fonctionnement, égale à 0,2 % de la masse salariale brute, ainsi qu'une contribution destinée au financement des activités sociales et culturelles.

Activité 5, page 41

Suggestion

- Travail individuel, à faire à la maison. Dans le compte rendu, les étudiants doivent expliquer non seulement ce que les quatre participants à la réunion ont proposé, mais aussi les raisons pour lesquelles ils ont choisi tel ou tel lieu.

5 Cessation de travail (pages 42 et 43)

Objectifs

- Découvrir :
  - les mots du droit du travail ;
  - le droit français du licenciement ;
  - le droit de grève en France.
- Comparer avec le droit d'autres pays.
- Analyser une lettre de licenciement.
- Discuter les motifs d'un licenciement.

→ Point grammaire : la formation du subjonctif.

Activité 1, page 42

Suggestions

- Les étudiants lisent la fiche « Ressources » et complètent les mentions manquantes individuellement. Ils s'entendent ensuite à deux sur des réponses communes.
- Développer certains points de la fiche « Ressources » (voir ci-dessous « Pour votre information »).
- Correction collective.

Corrigé

1. En France, la **démission**, le **licenciement** et la rupture **conventionnelle** constituent différents modes de rupture du contrat de travail. – **2.** Le salarié peut prendre seul l'initiative de la rupture en **démissionnant**. – **3.** L'employeur qui **licencie** un salarié doit avoir un **motif** sérieux, c'est-à-dire suffisamment grave pour justifier le **licenciement**. – **4.** Un motif de licenciement peut être soit économique s'il concerne l'entreprise, soit **personnel** s'il concerne le **salarié**. – **5.** En principe, l'employeur ne doit pas licencier le salarié sans lui accorder un **préavis** et sans lui verser une **indemnité** de **licenciement**. – **6.** Si le motif n'est pas sérieux, l'employeur peut être **poursuivi** en justice et **condamné** à payer au salarié une indemnité pour licenciement **abusif**.

> **Pour votre information**
>
> **Le Conseil des prud'hommes**
>
> En France, le tribunal du travail s'appelle le Conseil des prud'hommes. Il n'est pas composé de magistrats professionnels, mais de juges élus, appelés conseillers prud'homaux, et composés pour moitié de représentants des salariés et pour moitié de représentants des employeurs.
>
> Deux conseillers salariés et deux conseillers employeurs sont chargés de juger l'affaire : ils doivent prendre une décision à la majorité des trois quarts. Si le conseil juge que le motif n'est pas réel ou sérieux, il condamne l'employeur à payer une indemnité au salarié licencié. Il est rarissime que le Conseil oblige l'employeur à réinsérer le salarié dans l'entreprise.
>
> Le motif du licenciement peut être personnel ou économique. Le motif personnel est inhérent à la personne du salarié. Ce peut être une faute du salarié, et elle doit être d'une certaine gravité, car une faute légère ne justifie pas un licenciement. Le motif économique est un motif inhérent à l'entreprise. Par exemple : suppressions d'emplois dues à des difficultés économiques ou à des mutations technologiques dans l'entreprise.

unité 3

Activité 2, page 42

Suggestions
- Les étudiants font l'exercice à deux.
- Correction collective.

Corrigé
Proposition

1. Cette lettre pourrait être datée du **20 avril.** (L'entretien ayant eu lieu le 18 avril, on peut supposer que la lettre de licenciement est partie quelques deux jours plus tard.)
2. Jessica devrait arrêter de travailler **en mai.** (Le préavis d'un mois commence à la date de présentation de la lettre de licenciement.)
3. L'appréciation du motif du licenciement se fait au cas par cas, et, dans cette affaire, nous manquons d'informations. La lettre ne nous dit pas quel type de vêtements portait Jessica, ni quel poste elle occupait. Selon qu'elle travaille seule, dans un bureau, ou alors en contact avec les clients, l'appréciation du motif est différente. On ne sait pas non plus ce que l'employeur entend par « provocateur ».

    L'appréciation du motif du licenciement comporte toujours une part de subjectivité. L'environnement culturel et les convictions personnelles du juge jouent un rôle important. Arguments contre le licenciement de Jessica :
    – La tenue vestimentaire ne veut pas dire qu'elle faisait mal son travail.
    – Les salariés sont libres de s'habiller comme ils veulent.

    Pour justifier le licenciement, on peut dire que, par son comportement, et surtout si elle était en contact direct avec les clients, Jessica portait préjudice à l'image de l'entreprise.

Activité 3, page 42

Suggestion
- Cet exercice peut être fait à la maison.

Activité 4, page 43

Suggestions
- Les étudiants répondent aux questions à deux.
- Correction collective. Expliciter les notes jurisprudentielles (voir ci-dessous « Pour votre information »), en les reformulant dans un langage courant.

Corrigé

1. *En France, l'accord d'un syndicat est-il nécessaire pour faire grève ?* **Non** (« 5. Une grève qui n'est pas déclenchée à l'appel d'une organisation professionnelle reste licite - Soc. 19 fév. 1981 »).
2. *Les grévistes doivent-ils avertir l'employeur longtemps à l'avance ?* **Non** (« 1. Il n'y a pas lieu de respecter un délai de préavis pour se mettre en grève - Soc.13 mars 1956 »).
3. *Combien de temps peut durer une grève ?* **La durée est illimitée** (« 3. La durée de la grève peut être d'un quart d'heure - Soc.6 nov. 1958 », « de quelques heures - Soc.13 juin 1957 », « de plusieurs semaines - Soc. 3 mars 1970 »).
4. *La grève perlée, qui consiste à travailler moins efficacement dans le but de faire pression sur l'employeur, est-elle légale ?* **Non, elle est illégale** (« 4. Il n'y a pas d'arrêt de travail et donc pas de grève lorsque le travail est exécuté au ralenti ou dans des conditions volontairement défectueuses - Soc. 5 mars 1953. » « Les salariés qui y participent s'exposent à un licenciement sans préavis - Soc. 6 janv. 1972 »). En fait, la grève dite « perlée » ne correspond pas à la définition de la grève et n'en est donc pas une.

Pour votre information

Le dire autrement : du langage juridique au langage courant

1. *La grève se définit comme une cessation collective et concertée du travail en vue d'appuyer des revendications professionnelles.*
   Il faut être plusieurs (soit au moins deux) pour faire grève. Il faut s'être mis d'accord au préalable. Il faut que la ou les demandes faites à l'employeur soient d'ordre professionnel, ce qui exclut les « grèves politiques ». On ne peut pas, par exemple, faire grève pour demander un changement de gouvernement.

2. *Il n'y a pas lieu de respecter un délai de préavis pour se mettre en grève.*
   On peut se mettre en grève immédiatement, sans avertir l'employeur à l'avance.

3. *Il ne peut être reproché aux travailleurs qui recourent à la grève de choisir le moment le plus efficace.*
   Les travailleurs peuvent se mettre en grève au moment qu'ils estiment le plus efficace.

4. *La durée de la grève peut être d'un quart d'heure, de quelques heures, de plusieurs semaines.*
   La grève peut être d'une durée très variable : de quelques minutes à quelques semaines.

5. *Il n'y a pas d'arrêt de travail et donc pas de grève lorsque le travail est exécuté au ralenti ou dans des conditions volontairement défectueuses. Les salariés qui y participent s'exposent à un licenciement sans préavis.*
   La grève suppose un arrêt du travail. On n'est donc pas en grève quand on travaille au ralenti ou dans de mauvaises conditions. Dans ce cas, on peut être sanctionné ou même licencié.

6. *Une grève qui n'est pas déclenchée à l'appel d'une organisation professionnelle reste licite.*
   On peut se mettre en grève sans l'accord d'un syndicat.

Activité 5, page 43

Suggestions

- Les étudiants répondent à deux.
- Correction collective. Aiguiller les étudiants en posant certaines questions : Les salariés peuvent-il faire grève la veille de Noël ? Sans prévenir l'employeur ? Malgré les réticences du syndicat ? Pour demander l'annulation d'un plan de licenciement ?

Corrigé

La grève surprise au Grand Bazar est légale pour les raisons suivantes :

– D'après la note jurisprudentielle 1, « la grève se définit comme une cessation collective et concertée du travail en vue d'appuyer des revendications professionnelles ». Cette grève est bien une cessation du travail (les grévistes sont restés chez eux), la cessation est collective (de nombreux salariés sont restés chez eux), elle est concertée (la grève a été décidée hier soir lors d'une réunion). Les revendications sont bien de nature professionnelle (les grévistes demandent l'annulation d'un plan de licenciement).

– D'après la note jurisprudentielle 2, « il n'y a pas lieu de respecter un délai de préavis pour se mettre en grève ». Cette grève surprise et inattendue est donc légale.

– D'après la note 3, « il ne peut être reproché aux travailleurs qui recourent à la grève de choisir le moment le plus efficace ». Les salariés du Grand Bazar peuvent donc faire grève la veille de Noël.

– D'après la note 6 « une grève qui n'est pas déclenchée à l'appel d'une organisation professionnelle reste licite ». Malgré les réticences du syndicat, la grève au Grand Bazar reste donc légale.

Pour votre information

Le droit de grève en France

Dans de nombreux pays (Allemagne, pays scandinaves, Japon) où le droit de grève n'est pas interdit, il est fortement encadré. Les salariés ont l'obligation de déposer un préavis de grève, ils doivent être une majorité, ils doivent passer par l'intermédiaire d'un syndicat, respecter une certaine procédure (interdiction de la grève avant d'avoir épuisé d'autres recours, respect de certains délais), etc.

En France, en revanche, la loi réglemente très peu le droit de grève, sauf dans le secteur public, où elle fait obligation de déposer un préavis de cinq jours et où elle interdit à certaines catégories d'agents (policiers, magistrats) de faire grève.

unité 3

Dans le secteur privé, ce sont les juges qui ont défini le droit de grève et sanctionné ses abus. D'après eux, la grève est une cessation concertée et collective du travail par les salariés en vue d'obtenir la satisfaction d'une revendication d'ordre professionnel. La grève est licite à condition de répondre à tous les éléments – *ni plus ni moins* – de cette définition.

1. Une cessation complète du travail. La grève est un abandon clair et net du travail. On ne peut pas travailler à moitié ou dans des conditions défectueuses. Mais peu importe le moment ou la durée de la grève.

2. Une cessation concertée du travail. Il doit y avoir une entente préalable des travailleurs. Mais la grève ne suppose pas une initiative syndicale : la grève sauvage (sans ordre syndical) est licite.

3. Une cessation collective du travail. La grève est le fait d'une collectivité de travailleurs. Mais il n'est pas nécessaire qu'elle soit le fait de la totalité ni même de la majorité.

4. Des revendications professionnelles. La grève politique est illicite.

→ **Point grammaire, page 43**

<u>Corrigé</u>

Imaginez que vous **soyez** le patron, que les salariés **soient** mécontents, qu'ils **fassent** grève, que vous les **poursuiviez** en justice, que vous **perdiez** votre procès, que vous **deviez** réintégrer tous les grévistes.

Bilan de compétences (pages 44 à 47)

A. Lire (pages 44 et 45)

Activité 1, page 44

<u>Suggestions</u>
- Cet exercice est l'occasion de s'attarder sur la rédaction d'un CV « à la française » (voir ci-dessous « Pour votre information ») et de faire des comparaisons avec les CV en usage dans d'autres pays
- Les étudiants dressent une liste de questions par groupe de trois.
- Correction collective. Le professeur peut noter les questions. Les étudiants peuvent ensuite imaginer des réponses.
- L'exercice peut déboucher sur un entretien d'embauche, sous forme de jeu de rôle, entre Jessica Wagner et un recruteur.

<u>Corrigé</u>

1. On peut d'abord s'interroger sur les quelques incongruités ou bizarreries du CV :
  – Vous parlez plusieurs langues. Mais pourquoi pas l'allemand alors que vous êtes de nationalité allemande ? Comment avez-vous appris le russe ?
  – Comment avez-vous pu décrocher un titre de vice-championne du monde de planche à la voile en 2015 alors que vous suiviez des études à Londres depuis trois ans ? Dans quelle mer ou quel lac de Londres vous êtes-vous préparée ?

2. On peut relever quelques « trous » :
  – En 2012, vous avez travaillé à temps partiel chez McDonald's, à Toulouse. Avez-vous fait autre chose ?
  – Qu'avez-vous fait en 2016 ?

3. On peut lui demander des précisions sur ses études et son travail :
  – Quel était le programme du Master de la London School of Business ? Qu'en avez-vous retiré ?
  – Comment êtes-vous passée de la philosophie au commerce international ?
  – En quoi consistaient précisément vos missions chez French Timer ? Avez-vous eu l'occasion de voyager ? De rencontrer des clients, des fournisseurs ? Avez-vous travaillé en équipe ? Quels résultats avez-vous obtenus ?
  – Etc.

4. Et aussi bien d'autres questions encore :
- Pourquoi voulez-vous quitter votre emploi ?
- Quel salaire demandez-vous ?
- Avez-vous un plan de carrière ?
- Avez-vous une question à me poser ?
- Etc.

Pour votre information

Comment rédiger un CV « à la française »

• **Présentation**

De préférence, un CV doit tenir sur une page. Pourquoi ? Parce que les recruteurs reçoivent de nombreux CV et ne veulent pas passer trop de temps à les étudier. Ils veulent comprendre rapidement, presque d'un seul regard, à quel candidat ils ont affaire. Mais cette règle de la page unique ne vaut pas pour les personnes plus âgées, ayant une longue expérience professionnelle.

• **Accroche**

L'accroche en tête du CV est fréquente. Elle consiste à indiquer dans un encadré soit l'intitulé de son métier (*ex.* : « Responsable export »), soit ses points forts (*ex.* : « Trilingue espagnol-français-anglais »), soit son projet professionnel (*ex.* : « Mon objectif : participer au développement d'une PME en lui apportant mon expérience »), soit plusieurs de ces points à la fois.

• **État civil**

On indique son prénom, puis son nom. L'inverse ne vaut que pour les dossiers administratifs. Il est inutile de les faire précéder de « Madame », « Mademoiselle » ou « Monsieur ». Mieux vaut écrire le nom en majuscules, notamment dans le cas où il y aurait confusion possible entre le nom et le prénom (*ex.* : Paul MICHEL).

Il faut écrire son âge en chiffres, sans préciser sa date de naissance. Les employeurs passent généralement peu de temps sur chaque CV et ne doivent pas employer ce précieux temps à calculer l'âge du candidat. En outre, que le candidat soit né en janvier ou en août présente un intérêt minimal, les employeurs attachant rarement de l'importance au signe zodiacal.

• **Formation**

Il est inutile de commencer par l'école maternelle, ou de mentionner les diplômes intermédiaires obtenus au fil des années d'étude. D'une façon générale, plus on avance en âge, moins il devient nécessaire de présenter ses diplômes en détail. On indique les années de formation, le lieu d'étude et d'obtention du diplôme (nom de l'école, ville, pays), l'intitulé du diplôme.

• **Expérience professionnelle**

On ne mentionne pas l'adresse des précédents employeurs. Le nom de la société, son activité et sa localisation géographique suffisent. Si la société s'appelle Google ou Coca-Cola, il est superflu de préciser son secteur d'activité. En revanche, si on a travaillé dans une entreprise moins connue, par exemple chez French Timer ou Amafruta, mieux préciser l'activité de la société.

On peut choisir d'écrire un CV chronologique, anti-chronologique ou par domaine de compétences, selon la situation et ce que l'on souhaite mettre en valeur. Dans tous les cas, il est indispensable de préciser les dates. Les années suffisent, il est inutile de mentionner les mois ou les jours. On indique l'intitulé de la fonction occupée (*ex.* : responsable commercial), puis on décrit succinctement en quoi consistait la tâche (ex. : gestion des échanges commerciaux sur les marchés espagnol, portugais et sud-américains) et, éventuellement, les résultats obtenus. Les stages font partie de l'expérience professionnelle.

Activité 2, page 45

Corrigé

Aujourd'hui 9 mai, chez Ferrabille :

1. *On peut acheter des tickets restaurants le lundi* : NP. On sait qu'à partir du 1er juin prochain, la vente de tickets restaurants aura lieu le lundi, mais pour ce qui est d'aujourd'hui, 9 mai, les documents ne nous apportent aucune information.

2. *Il y a trois ateliers* : NP. On sait seulement qu'il y a un atelier 3, ce qui ne veut pas dire qu'il y ait trois ateliers.

3. *Il faut porter des gants pour utiliser la scie électrique* : VRAI. Cette obligation existait déjà avant le 9 mai, car la note de service est un rappel. « Il est rappelé que le port de gants est obligatoire », dit la note.

4. *Les dates de congé du personnel sont fixées* : FAUX. Le service du personnel souhaite connaître les vœux du personnel de façon à pouvoir fixer ensuite les dates de congé.

5. *Il y aura une réunion cet après-midi* : VRAI. Caroline dit qu'elle ne pourra pas assister à la réunion de cet après-midi.

6. *L'objet de la réunion porte sur le matériel de bureau* : NP. La demande de Caroline concernant le photocopieur ne veut pas nécessairement dire que la réunion porte sur le matériel de bureau.

Pour votre information

- **Les congés payés**

Les congés payés permettent au travailleur de prendre du repos tout en recevant son salaire. En France, c'est l'employeur, maître de l'organisation de son entreprise, qui fixe la date des congés. Deux formules sont possibles : la fermeture de l'entreprise pendant une certaine période ou le congé du personnel par roulement. Dans ce dernier cas, l'employeur établit le planning des congés en tenant compte des vœux du personnel.

Le droit aux congés payés a été une première fois accordé aux travailleurs par une loi de 1936 : les congés étaient alors de deux semaines par an. En 1956, leur durée a été portée à trois semaines, puis à quatre semaines en 1969 et à cinq semaines en 1982. Les salariés français sont mieux lotis que leurs collègues québécois, qui n'ont droit qu'à deux semaines de congés payés après un an d'ancienneté et à trois semaines après cinq ans d'ancienneté.

- **Les tickets restaurant**

Dans de nombreuses entreprises françaises, l'employeur remet au salarié des tickets restaurant. Avec un ticket, et pour le montant du prix indiqué sur le ticket, le salarié peut prendre un repas dans le restaurant de son choix.

B.  Écouter (page 46)

Activités 1 et 2 page 46

Suggestions

- Il est important de préparer l'écoute. Les étudiants prendront donc le temps de lire attentivement le texte et d'anticiper certaines réponses.
- Voir « Comment écouter », page 22.

Corrigé

Activité 1

Exercice b

Jennifer Poulain est **belge** d'origine. Elle dirige l'entreprise Meyer depuis *cinq* ans. Meyer emploie environ **250** salariés en France et en **Roumanie**. Jennifer Poulain commence à travailler à *8* heures. En arrivant au bureau, elle commence par préparer les **réunions** de la journée. Elle assiste généralement à **trois** ou **quatre** réunions par jour.

Elle considère que son rôle est de faire **travailler** ses équipes, de faire **avancer** les projets. D'après elle, il est important de **s'adapter** rapidement parce que l'environnement change très vite. Il faut être **flexible**.

Une autre partie de son travail est de prévoir les évolutions et de prendre les grandes décisions, en choisissant la bonne **stratégie**. Elle refuse de passer son temps à se battre contre les difficultés quotidiennes ou à **gérer** l'entreprise au quotidien. Jennifer Poulain attache beaucoup d'importance aux relations **humaines** à l'intérieur de son entreprise. Pour bien travailler, pense-t-elle, les gens doivent bien s'entendre et ils doivent **communiquer**. Elle se sent très proche du personnel. Chez Meyer, l'organisation est très **plate**, il y a peu de **hiérarchie**. Mais tout le monde **vouvoie** Jennifer Poulain. [...] On peut très bien tutoyer son **patron** et entretenir avec lui des relations **distantes** et conflictuelles.

Exercice c

1. *Que fabrique Meyer ?* Des filtres à eau. – 2. *L'entreprise vend-elle en Asie ?* Oui, elle vend dans le monde entier. – 3. *Jennifer Poulain aime-t-elle voyager ?* On ne peut pas savoir. – 4. *Généralement, qui arrive le premier au bureau ?* C'est Mme Poulain (C'est une matinale, elle arrive vers 8 heures). *Qui arrive ensuite ?* Son assistante. – 5. *À quoi de nombreux dirigeants passent-il trop de temps ?* À se battre contre les difficultés quotidiennes. Mme Poulain considère que ce n'est pas le rôle d'un dirigeant de gérer l'entreprise au quotidien.

Activité 2

1. Mme A. pense qu'il faudrait interdire les **grèves** dans les **services publics** parce qu'il y a d'autres **moyens** de résoudre les **conflits**.
2. D'après M. B., les **employeurs** ne respectent pas leurs **salariés**.
3. Mme C. dit que la plupart des **réunions** sont une perte de temps et qu'elles n'aboutissent généralement à aucune **décision**.
4. Pour M. D., un bon manager est un manager **autoritaire**. Selon lui, il doit toujours y avoir un chef pour donner des **ordres** et des **subordonnés** pour obéir.
5. Mme E. ne trouve pas normal qu'il y ait si peu de **femmes** managers.

C. Écrire (page 47)

Suggestions

- L'activité 1 permet de dégager quelques règles d'écriture.
- Avec l'activité 2, l'étudiant produit en mettant ces règles en pratique.

Corrigé

Activité 1

1. ☐ **a.** Tom a présenté le PK3 au client. Il l'a trouvé intéressant.
   ☒ **b.** Tom a présenté le PK3 au client, qui a trouvé le produit intéressant.

Pourquoi pas la phrase a ? Parce qu'elle est ambiguë. On peut en effet se demander qui a trouvé le PK3 intéressant. Est-ce Tom ou le client ? En effet, « il » se rapporte prioritairement à Tom, sujet de la phrase précédente, et non pas au client. Si une phrase commence par « il(s) » ou « elle(s) », ces pronoms sujets de la 3e personne représentent en priorité le sujet de la phrase précédente.

2. ☐ **a.** Étant toujours ponctuelle, je suis arrivée en retard.
   ☒ **b.** Bien que je sois toujours ponctuelle, je suis arrivée en retard.

Pourquoi pas a ? Parce que la phrase a est incohérente. En effet, mise en tête de phrase, « étant toujours ponctuel » peut être compris comme la cause de « je suis arrivée en retard » : c'est parce que je suis toujours ponctuel je suis arrivée en retard !

3. ☐ **a.** Étant malade, le médecin m'a arrêté trois jours.
   ☒ **b.** Comme j'étais malade, le médecin m'a arrêté trois jours

Pourquoi pas a ? En principe, un participe (présent ou passé) en tête de phrase se rapporte au sujet la phrase. Ici, « étant malade » se rapporte à « médecin ». Telle qu'elle est, la phrase a signifie donc que c'est parce que le médecin est malade qu'il a arrêté le patient trois jours.

4. ☒ **a.** Il a l'esprit d'équipe et il travaille sérieusement.
   ☐ **b.** Avec son esprit d'équipe, il travaille sérieusement.

Pourquoi pas b ? La phrase b signifie que c'est parce qu'il a l'esprit d'équipe qu'il travaille sérieusement. Mais « avoir l'esprit d'équipe » et « travailler sérieusement » expriment deux qualités différentes et indépendantes l'une de l'autre.

5. ☒ **a.** Nous sommes implantés en Suisse. Nous venons de recruter notre DRH.
   ☐ **b.** Implantés en Suisse, nous venons de recruter notre DRH.

Pourquoi pas b ? La phrase b est incohérente. En effet, mise en tête de phrase, « implantés en Suisse » peut être compris comme la cause de « nous venons de recruter notre DRH » : c'est parce que nous sommes implantés en Suisse que nous avons recruter notre DRH. D'une façon générale, il n'est pas recommandé d'exprimer plusieurs idées dans une même phrase.

unité 3

6. ❏ **a.** Hugo est belge et un ingénieur informatique.
   ☒ **b.** Hugo est belge. C'est un ingénieur informatique.

Pourquoi pas a ? La phrase a est grammaticalement incorrecte : « et » devrait être suivi d'un autre adjectif. De plus, elle exprime deux idées appartenant à des registres différents.

7. ❏ **a.** Luc comprend et s'adapte aux besoins de ses clients.
   ☒ **b.** Luc comprend les besoins de ses clients et s'y adapte.

Pourquoi pas a ? Le verbe « comprendre » se construit directement, alors que « s'adapter » se construit avec « à » : on comprend quelque chose et on s'adapte à quelque chose. La phrasa a voudrait dire que Luc comprend (en général, c'est quelqu'un qui comprend la vie, les gens) et que, par ailleurs, il s'adapte aux besoins de ses clients. Il faut éviter de coordonner directement (avec « et ») deux verbes dont l'un se construit avec un complément d'objet direct et l'autre avec un complément d'objet indirect.

Activité 2

Proposition

2. Paul a fait visiter les locaux à Jacques, qui les a trouvés très spacieux.
3. Bien qu'il fasse très bien son travail, Louis-César a été licencié.
4. Elle aime son directeur et pense beaucoup à lui.
5. L'assistant de madame Navarro a une voiture de fonction luxueuse.
6. Bien que je sois passionnée par la littérature, j'étudie les mathématiques. / Je suis passionnée par la littérature. Pourtant, j'étudie les mathématiques.
7. Comme je parle portugais, le directeur m'a proposé un poste au Brésil.
8. Les ouvriers respectent le chef d'atelier et lui obéissent.
9. Il a un doctorat en mathématique et il parle couramment trois langues.

D. Parler (page 47)

 Jouez à deux

Suggestions

- À la fin du jeu de rôle, organiser un mini-débat à partir de la dernière question posée à la personne A : À la place de Jacques Fayette, feriez-vous autre chose ?
- Voir « Comment jouer à deux », page 12.

Corrigé

Personne A

Jacques Fayette dirige **un grand magasin**. Un jour qu'il se promène **dans les rayons du magasin**, il remarque une cliente qui **attend** à un comptoir. Personne ne fait **attention** à elle. Les vendeurs sont dans un coin **en train de bavarder et de rire**.

Personne B

Jacques Fayette **dirige** un grand magasin. **Un jour qu'il se promène** dans les rayons du magasin, il remarque **une cliente** qui attend à un comptoir. **Personne** ne fait attention à elle. Les vendeurs sont dans un coin en train de rire et de bavarder.

Quelle fin de l'histoire faut-il préférer ?

Proposition

En servant lui-même la cliente, Jacques Fayette réprimande les vendeurs de manière discrète. La cliente ne se rend compte de rien, et les vendeurs comprennent qu'ils ont été pris en flagrant délit de bavardage.

unité 4 Marketing

1. Étude de marché (pages 48 et 49)

Objectifs
- Analyser le marché de l'entreprise.
- Formuler les bonnes questions pour une enquête de marché.
- Identifier un échantillon de personnes à interroger.
- Réaliser un questionnaire d'enquête.
- → Point grammaire : la place des pronoms compléments, l'impératif.

Activités 1 et 2, page 48

Suggestions
- Les étudiants font les exercices à deux.
- Correction collective. Insister sur l'importance de connaître son marché (voir ci-dessous « Pour votre information »)

Corrigé

Activité 1

1. Certains **organismes**, qu'ils soient nationaux ou internationaux, fournissent de nombreuses **informations** statistiques. – 2. Les **publications** spécifiques à un secteur contiennent des articles de fond intéressants. – 3. À moins de travailler sur le même territoire, même les **concurrents** accepteront de vous recevoir. – 4. Tâchez de rencontrer des **représentants** d'associations de consommateurs.

Activité 2

1. *Lis-tu souvent ?* La question est trop vague. Que veut dire « souvent » ? Est-ce chaque jour ? Une fois par semaine ? Ou une fois par mois ? Le mot peut être interprété de façon subjective. Mieux vaut proposer des options : une fois par jour / par semaine / etc.
2. *Combien de livres as-tu lu dans ta vie ?* Il paraît très difficile, voire impossible, de répondre, même vaguement, à cette question.
3. *Où achètes-tu tes livres ? Sur Internet ?* La question est suggestive, elle propose une réponse.
4. *Ne penses-tu pas, comme les jeunes de ton âge, qu'un livre numérique présente bien plus d'avantages qu'un livre papier ?* La question est longue et compliquée. De plus, elle est suggestive. Généralement, les questions négatives (celles, par exemple, qui commencent par « ne penses-tu pas que… ») sont suggestives, car elles incitent à répondre dans un certain sens (Ne pensez-vous pas que j'ai raison ?).
5. *Quel est ton âge et en quelle classe es-tu ?* Mieux vaut poser une seule question à la fois.

> **Pour votre information**
>
> **Connaître pour agir**
>
> Pour vendre ses produits, l'entreprise doit savoir quoi vendre et à qui. Elle doit aussi savoir où vendre, comment vendre, quand vendre, etc. Bref, elle doit connaître son marché. C'est seulement après avoir répondu à ces questions, c'est-à-dire une fois qu'elle a étudié le marché, qu'elle peut passer à l'action. C'est grâce à sa connaissance du marché qu'elle peut prendre des décisions concernant le produit, le prix, la communication, etc. Le questionnaire d'enquête peut apporter des informations utiles.

Activité 3, page 49

Suggestions
- Les étudiants résolvent ce mini-cas à deux.
- Correction collective. Dans un premier temps, le professeur recueille les réponses, sans donner son avis, en demandant des précisions (par quel moyen, par exemple, interroger les clients ?).

Corrigé

Proposition :

Pour comprendre le problème, mieux vaudrait demander directement aux clients qui sont partis pourquoi ils sont partis. Le mieux (le plus économique et le plus efficace) serait de les contacter par téléphone (télémarketing). Certains se feront un plaisir d'expliquer les raisons de leur mécontentement. Il ne servirait à rien de leur envoyer un questionnaire (par mail notamment) : ils ne se donneraient la peine de répondre.

Activité 4, page 49

Suggestions

Activité a

- Lire attentivement la consigne.
- Exercice individuel.
- Correction collective. Écrire les questions (au tableau). Cet exercice prépare l'activité b suivante.

Activité b

- Lire la consigne. Pour l'exemple, écrire la première question et proposer un choix de réponses. (Voir le corrigé ci-dessous.)
- Les étudiants reprennent les sept questions de l'exercice a. L'entretien apporte des éléments de réponse. Si besoin, faire écouter une nouvelle fois.
- De préférence, le questionnaire est rédigé par groupe de deux, en dehors du cours.

Corrigé

Activité a

1. Combien de livres lis-tu chaque mois, en dehors de l'école ?
2. Comment est-ce que tu choisis tes livres ?
3. Pourquoi est-ce que tu lis ?
4. Quels sont les sujets qui t'intéressent ?
5. Quels types de textes préfères-tu ?
6. Quelles sont, pour toi, les principales qualités d'un livre ?
7. Qui sont tes deux auteurs préférés ?

Activité b

Proposition :

Pratiques de lecture

1. Combien de livres lis-tu chaque mois, en dehors de l'école ?
  ☐ 0 ☐ 1 ☐ 2 ☐ 3 ☐ 4 ☐ Plus de 4

2. Comment est-ce que tu choisis tes livres ?
  ☐ Conseils de camarades ☐ Page de couverture
  ☐ Conseils d'adultes ☐ Autres : _____

3. Pourquoi est-ce que tu lis ?
  ☐ Pour apprendre ☐ Autres : _____
  ☐ Pour me distraire

4. Quels sont les sujets qui t'intéressent ?
  ☐ L'amour ☐ L'amitié ☐ La mort
  ☐ Le sport ☐ La guerre ☐ La violence
  ☐ L'actualité ☐ Autres : _____

5. Quels types de textes préfères-tu ?
  ☐ Les romans ☐ Le documentaire ☐ Les BD
  ☐ Les nouvelles ☐ Les biographies ☐ La poésie
  ☐ Le théâtre ☐ Autres : _____

6. Quelles sont, pour toi, les principales qualités d'un livre ?

_____

7. Qui sont tes deux auteurs préférés ?

_____

Activité 5, page 49

Suggestions
- Les étudiants répondent aux questions à deux.
- Correction collective.

Corrigé
Proposition :

1. *Pour Henkel, quel est l'intérêt de cette étude par rapport à d'autres types d'études ?*
D'après Anita Johnson, la responsable des études chez Henkel, l'observation sur le terrain est plus fiable que la simple déclaration des usagers.

2. *À votre avis, quelles difficultés l'entreprise a-t-elle rencontrées pour mettre en place et exploiter une telle enquête ?*
  1. Surmonter les difficultés techniques :
     – Trouver des caméras capables de résister à l'humidité.
     – Filmer en continu pendant une semaine.
     – Visionner des centaines d'heures de vidéo.
  2. Choisir les « cobayes » :
     – Trouver des profils de foyers représentatifs et variés.
     – Exclure les consommateurs aux motivations exhibitionnistes.

3. Respecter l'intimité des familles.

1. *Une telle enquête vous paraît-elle fiable ?* En partie oui, si toutes les difficultés techniques peuvent être surmontées et si les « cobayes » sont bien choisis. Quelques réserves toutefois : l'échantillon (dix foyers) est faible, et on peut douter que les gens se comportent normalement devant une caméra.

2. *Pensez-vous que cette étude ait abouti à des résultats concrets ? Si oui, lesquels par exemple ?* Henkel a pu modifier la forme des emballages (flacons) pour les rendre plus pratiques, créer de nouveaux tubes de dentifrice pour les enfants, etc.

> **Pour votre information**
>
> Pour respecter l'intimité des familles, Henkel a choisi des foyers dont l'aménagement de la salle de bain permettait de placer la caméra face au lavabo sans filmer la sortie de la douche. Henkel s'est limité à cadrer les visages des consommateurs.

→ Point grammaire, page 49

Corrigé

Exercice 1
Proposition :

2. Nous avons parlé **du problème aux vendeurs**. – **3.** Elle n'a pas encore rendu **les livres à Pierre**. – **4.** J'ai rencontré **deux collègues au cinéma**. – **5.** Je préfère ne pas penser à mon travail.

Exercice 2
2. Faites-**en une** ! N'**en** faites pas ! – **3.** Allez-**y** ! N'**y** allez pas ! – **4.** Interrogez-**les** ! Ne **les** interrogez pas ! – **5.** Posez-leur-**en** ! Ne leur **en** posez pas ! – **6.** Communiquez-**les-lui** ! Ne **les lui** communiquez pas ! – **7.** Dites-**la-lui** ! Ne **la lui** dites pas !

unité 4

2. Stratégie de produit (pages 50 et 51)

Objectifs
- Positionner un produit.
- Identifier un segment du marché.
- Trouver un nom de marque, choisir un conditionnement, fixer un prix.
- → Point grammaire : la comparaison.

Activité 1, page 50

Suggestions
- Les étudiants complètent les mentions manquantes individuellement.
- Correction collective.

Corrigé

1. segmenter – **2.** cibler – **3.** positionnement

Activité 2, page 50

Suggestions
- Les étudiants résolvent le mini-cas à deux.
- Correction collective. (Voir « La méthode des cas : quelques suggestions », page 7.)

Corrigé

Proposition :

Cette stratégie de marque permet au groupe Procter de couvrir une large part, voire la totalité du marché en ciblant plusieurs segments par des positionnements différenciés. Autre avantage : un événement qui entacherait la réputation d'une marque du groupe n'affecterait pas les autres marques (car le consommateur ignore que les marques appartiennent à un même groupe). Inconvénient principal : des coûts de communication élevés, car il faut faire connaître chaque marque (si tous les produits s'appelaient Procter, il suffirait de communiquer sur une seule marque). Autre inconvénient : la (bonne) réputation d'une marque ne bénéficie pas aux autres marques du groupe.

Contrairement à Procter, certaines entreprises choisissent de donner le même nom – et souvent leur nom – à des produits de différents types. C'est le cas, par exemple, de Bic (stylos Bic, rasoirs Bic, briquets Bic, etc.) ou de Yamaha (pianos Yamaha, motos Yamaha, etc.)

Activité 3, page 50

Suggestions
- Le groupe répond collectivement aux questions de l'exercice a.
- Puis les étudiants font les exercices b et c à deux.
- Correction collective.

Corrigé

Proposition :

Exercice b

1. Réponses de l'article aux questions de l'exercice a.

1. *En quelle année a été vendu le premier iPhone ?* En 2007.
2. *Cette année-là, combien de types d'iPhones la firme Apple proposait-elle ?* Un seul.
3. *Combien d'iPhones ont été vendus dans le monde depuis cette date ?* Plus d'un milliard.
4. *Pourquoi chaque iPhone, une fois vendu, devient-il unique ?* Grâce aux diverses fonctionnalités et applications, chaque utilisateur peut individualiser son appareil selon ses besoins et ses goûts.

2. *Comment comprendre le titre ?*

La dernière phrase de l'article nous donne la réponse : « C'est une approche si totalement individualisée qu'on hésite à parler encore de segmentation. ». Toutefois, on peut penser qu'il reste utile de segmenter le marché pour la grande majorité des produits. Ce qu'on remarque, c'est que la segmentation est de plus en plus fine, les segments devenant de plus en plus petits, jusqu'à se réduire à un seul individu.

Exercice c

Il ressort d'une étude menée par des chercheurs britanniques en 2017 que, comparés aux propriétaires d'Androïd, les propriétaires d'iPhones seraient plus souvent des femmes, seraient souvent plus jeunes et attacheraient plus d'importance au statut social. Ils – ou plutôt elles – miseraient beaucoup sur l'apparence. L'iPhone serait ainsi devenu un symbole de réussite et une manière de se distinguer. À l'inverse, selon cette étude, les propriétaires de smartphones Android seraient plus humbles et généralement plus âgés. Ce résultat peut-il être vérifié auprès du groupe-classe ?

Activité 4, page 51

Suggestions
- Les étudiants résolvent ce mini-cas Bic à deux.
- Correction collective. (Voir « La méthode des cas : quelques suggestions », page 7.)

Corrigé

Proposition :

Certes, le positionnement de Bic est simple (c'est un produit bon marché), mais il n'est ni désirable ni crédible.

– Les parfums Bic ne sont pas désirables car un parfum n'est pas un stylo : c'est un produit de rêve et de luxe. Or, un parfum qui s'appelle Bic et qui est bon marché ne répond pas au besoin de rêve du consommateur. On n'offre pas un parfum Bic à sa fiancée.

– Les parfums ne sont pas crédibles par rapport à l'image de l'entreprise. Dans l'esprit du public, Bic vend des produits simples, bon marché, utilitaires. Tout le contraire d'un parfum : car un parfum est un produit sophistiqué, plutôt cher et (tout à fait) superflu. Bref, Bic a échoué en intervenant sur un territoire – le luxe – qui n'était pas le sien.

Activité 5, page 51

Suggestions
- Exercice individuel.
- Correction collective.

Corrigé

Proposition :

1. Synonymes de conditionnement : packaging, emballage.

2. Le conditionnement des biscuits, c'est le graphisme, la couleur, le texte.

3. Le consommateur attache plus d'importance à la boîte qu'aux biscuits eux-mêmes. Il faut donc prêter une attention particulière à la boîte, car c'est elle qui décide le consommateur à acheter (ou à ne pas acheter).

4. Dans la vente en libre-service, il n'y a pas de vendeur, le consommateur doit se servir lui-même, c'est le conditionnement qui fait office de vendeur.

Activité 6, page 51

Suggestions
- Les étudiants écoutent, identifient la dernière question et y répondent.
- L'entretien peut être lu (avec la transcription à la fin du livre), puis joué, livre fermé.
- Le groupe peut rechercher un nom de marque, un conditionnement approprié, un prix ajusté.

unité 4

Corrigé

Proposition :

Il faudrait changer de produit, ce qui revient à changer :

- le nom : il faut un nom facile à retenir, euphonique, c'est-à-dire qui est facile à prononcer, agréable à entendre et qui a un sens pour le consommateur ;
- le conditionnement : il faut une couleur gaie, vive ;
- le prix : il doit être plus élevé.

Le positionnement sera tiré vers le haut. Il doit y avoir une cohérence entre les différents éléments. Par exemple, comme le remarque John, si le nom rappelle un produit haut de gamme, le produit ne peut pas être bon marché. Pour conclure, remarquons que changer de produit ne veut pas dire changer de biscuit. Dans notre cas, le marketing s'intéresse à l'image du biscuit et très peu au biscuit proprement dit.

Activité 7, page 51

Suggestion

• Exercice individuel, récapitulatif de ce qui a été dit à l'activité 6, à faire à la maison.

Corrigé

Proposition

DE : John
À : Juliette
OBJET : Biscuits Coin de rue

Bonjour,

Comme je te l'ai dit au téléphone, les ventes du produit « Coin de rue » en Angleterre sont moins bonnes que prévu. À mon avis, le nom, le conditionnement et le prix ne sont pas adaptés.

Pour un Anglais, le nom « Coin de rue » est difficile à prononcer. Chez les Anglais, un nom français suggère un produit de bonne qualité, surtout si c'est un produit alimentaire. Je crois donc que c'est une bonne idée de garder un nom français, mais à condition de trouver un nom facile à mémoriser et à prononcer. Il faudrait aussi que ce nom ait une relation quelconque avec le produit. Or, je n'ai pas compris le rapport entre un « Coin de rue » et un biscuit. Comme la Bretagne est réputée pour ses biscuits, et pas seulement pour ses crêpes, je te propose « Petite Bretonne » ou « Little Bretonne ». Qu'en penses-tu ?

D'autre part, le packaging est à revoir. Les biscuits sont conditionnés dans une boîte grise, et c'est un peu triste. Il faut réfléchir à un autre conditionnement, plus gai, plus chic, qui soit en accord avec le produit. Je verrais bien sur la boîte la photographie d'une Bretonne en train de déguster un biscuit.

Dernière chose : le produit est trop bon marché. Pour cette raison, le consommateur pense que c'est un produit bas de gamme. Il ne comprend pas qu'un biscuit français soit vendu à un prix si bas. Comme je l'ai dit, un biscuit qui porte un nom français est perçu comme un biscuit de qualité. Il peut ou doit même être vendu comme tel. Je suggère donc de relever le prix de 25 %.

En résumé, je crois qu'il faut apporter des modifications à la fois au nom, au conditionnement et au prix de façon à tirer le produit vers le haut de gamme.
Il ne servirait à rien de modifier l'un de ces éléments sans toucher aux autres.

Bien cordialement,

John

→ **Point grammaire, page 51**

1. Par rapport à ceux du mois dernier, les résultats sont excellents. Mais *en comparaison de* ceux de mars, ils sont *moins* bons. – **2.** On pense généralement que parce que c'est *plus* cher c'est de *meilleure* qualité – **3.** C'est léger *comme* une plume. – **4.** Il y a *autant de* politiques commerciales *que* de segments.

3. Réseaux de distribution (pages 52 et 53)

Objectifs
- Analyser et comparer différentes formes de distribution.
- Étudier les méthodes de vente.
- Comprendre les relations entre le grand commerce, le petit commerce, les consommateurs.
- S'interroger sur l'avenir des différentes formes de distribution.
- → Point grammaire : les prépositions et les adverbes de lieu.

Activité 1, page 52

Suggestions
- Les étudiants font l'activité individuellement.
- Correction collective.

Corrigé
1. distributeurs. – **2.** consommateur. – **3.** gros, détail. – **4.** centrale d'achat, vend.

Activités 2 et 3, page 52

Suggestions
- Les étudiants font les exercices à deux.
- Correction collective.

Corrigé

Activité 2

Proposition

1. *Les hypermarchés placent les produits les plus rentables (profitables) au niveau des yeux* : VRAI. Ces produits doivent être bien visibles pour que le consommateur les voie… et les achète.

2. *Les produits de première nécessité se trouvent au fond du (au bout du) magasin* : VRAI. Les produits de première nécessité (en France, par exemple, les produits laitiers) sont placés au fond du magasin. Le consommateur doit traverser le magasin pour les trouver et, en circulant dans les rayons, il remarque et achète d'autres produits.

3. *Les bouteilles d'eau minérale sont placées tout en haut des rayonnages* : FAUX. Les produits pondéreux (lourds), comme les bouteilles d'eau minérale, sont placés au sol pour pouvoir être soulevés plus facilement.

4. *Les articles en promotion sont posés au sol (par terre)* : FAUX. Les articles en promotion sont placés à un endroit bien visible, à hauteur des yeux. On les trouve souvent en tête de gondole, c'est-à-dire à l'extrémité du rayonnage (la gondole est un meuble servant à présenter la marchandise dans un magasin en libre-service).

5. *Les dentifrices sont à côté des chaussures* : FAUX. Les produits complémentaires sont placés les uns à côté des autres : les brosses à dents près du dentifrice, le cirage et les chaussettes près des chaussures, etc.

6. *De temps en temps, ils changent l'emplacement (la place) des produits* : VRAI. En cherchant un produit dont on a changé l'emplacement, le client découvre (et achète) de nouveaux produits, qu'il n'avait pas l'habitude de consommer.

Activité 3

1. Quel produit faut-il vendre, à quel endroit… **2.** Ces techniques forment… **3.** Elles sont particulièrement importantes…

unité 4

> **Pour votre information**
>
> **Les méthodes de ventes** sont différentes : vente traditionnelle en magasin (le client s'adresse à un vendeur), vente en libre-service, vente par correspondance (dont la vente par Internet est une forme), vente par distributeurs automatiques, à domicile, sur les marchés, etc. La vente en libre-service est caractérisée par le faible nombre de vendeurs et la liberté laissée au consommateur de se servir lui-même.
>
> Il ne faut pas confondre le libre-service, qui est une méthode de vente, et le magasin qui utilise cette méthode. **Le marchandisage** (en anglais : merchandising) est né avec le libre-service. Comme il n'y a plus de vendeurs, les produits doivent se vendre tout seuls. En Europe, les premières techniques du marchandisage ont été appliquées de façon méthodique à partir de 1960 et se sont rapidement développées dans les supermarchés et les hypermarchés.

→ Point grammaire, page 52

1. J'ai trouvé un ordinateur d'occasion à Lyon, **chez** un petit commerçant qui se trouve **sur** le boulevard Leduc, à deux pas **de** la grande place. La boutique est **au** rez-de-chaussée d'un petit immeuble.
2. J'ai acheté l'imprimante **dans** un grand magasin situé **au** centre-ville, **sur** la grande place. C'est un magasin de plusieurs étages. Le rayon informatique se trouve **au** dernier étage, **sous** les toits. Les imprimantes sont tout **au** fond, **sur** les étagères du haut.
3. Mon bureau se trouve **dans** la rue Colbert. **Dans** ce quartier, nous sommes entourés de magasins. D'un bout **à** l'autre de la rue, il y a partout des magasins.
4. Tous les matins, j'entre **chez** le libraire d'**en** face pour acheter mon journal.
5. Le centre commercial se trouve **en** dehors **de** la ville. C'est à cinq kilomètres d'ici, **aux** environs de Créteil.

Activité 4, page 53

Suggestions

a. Pourquoi les boulangeries disparaîtraient-elles ?
- Les étudiants avancent des explications, le professeur récapitule, sans donner son avis. L'exercice a préparé les étudiants à l'exercice b.

b. Reportage :
- Les étudiants écoutent le reportage en prenant des notes.
- Correction collective. Cet exercice b prépare l'exercice c.

c. Compte rendu :
- Le compte rendu est à faire individuellement, à la maison.

Corrigé

b. Reportage
1. Trois raisons expliquent la perte de clientèle des boulangeries :
    – Les petites communes ont de moins en moins d'habitants.
    – Elles subissent la concurrence des grandes surfaces.
    – Les Français consomment moins de pâtisserie et de pain.
2. *Quelles solutions ?* Il faut s'adapter à la clientèle en proposant une variété de produits et en prenant soin de la décoration du magasin.

c. Compte rendu

Proposition

> **Compte-rendu de reportage sur la disparition progressive
> des boulangeries artisanales**
>
> Dans les petites communes françaises, les boulangeries artisanales perdent leurs clients pour trois raisons principales :
>
> 1. Les petites communes sont de moins en moins peuplées. La commune de Priziac a ainsi perdu un tiers de ses habitants en vingt ans. Moins d'habitants, cela veut dire moins de clients.
> 2. Les boulangeries sont concurrencées par les grandes surfaces. Aujourd'hui, les gens sont motorisés et peuvent facilement accéder à ces grandes surfaces, situées à huit ou dix kilomètres alentour. Ils y trouvent plus de choix à des prix compétitifs.
> 3. D'une façon générale, les Français consomment moins de pâtisserie, voire moins de pain.
>
> Certaines boulangeries résistent en essayant de s'adapter à la clientèle : elles proposent une variété de produits (sandwichs, glaces, produits salés, etc.) et soignent la décoration de leur magasin.

> **Pour votre information**
>
> **Le grand commerce**
> – Avantages : beaucoup de choix (un assortiment important), des prix compétitifs.
> – Inconvénients : pas d'accueil, pas de vendeurs pour conseiller le client, service dépersonnalisé.
>
> **Le petit commerce**
> – Avantages : proximité, accueil, service personnalisé.
> – Inconvénients : choix limité de produits (assortiment réduit), prix élevés.

Activités 5 et 6, page 53

Suggestions
- Les étudiants s'entendent à deux sur des réponses.
- Correction collective.

Corrigé

Activité 5

Proposition

1. *Une définition de l'hypermarché* : très grande surface généraliste à dominante alimentaire installée en périphérie des villes.

2. *Trois avantages de l'achat en ligne* :

1. Chacun peut rédiger sa liste de courses à tête reposée, en comparant les prix et les produits.
2. On peut commander depuis son smartphone 7 jours sur 7, 24 heures sur 24.
3. L'offre en ligne est quasi exhaustive (300 millions de références chez Amazon contre 100 000 en moyenne dans un hyper).

3. *Conséquence du succès des achats en ligne* : l'assortiment des hypermarchés se réduit. Les produits qui se vendent bien sur Internet disparaissent peu à peu des rayonnages des grandes surfaces.

4. *Pourquoi se déplacer dans un hypermarché ?* Pour acheter des produits frais dans l'hypermarché, pour se divertir et se restaurer dans la galerie marchande.

5. *Face au commerce électronique, les magasins « en dur » sont-ils voués à disparaître ?* Les deux modes de distribution pourraient se compléter. Les consommateurs feraient de moins en moins la distinction entre l'achat en ligne et l'achat en magasin. Ils prendraient les bons côtés de l'achat de proximité (contact avec un vendeur, possibilité de toucher le produit, etc.) et du commerce électronique (recherche facilitée, collecte d'informations, gain de temps, commandes 24 heures sur 24, etc.).

Activité 6

Qui est l'auteur de la déclaration ? Un fournisseur de grandes surfaces.

unité 4

> **Pour votre information**
>
> **Fabricants, petits commerces, grandes surfaces : les relations sont difficiles**
>
> Les fournisseurs reprochent aux grandes surfaces de leur imposer des conditions de vente abusives : des prix qui couvrent à peine les coûts de production ou des délais de paiement trop longs, qui peuvent aller jusqu'à un an. La grande distribution pourrait ainsi pratiquer des prix extrêmement bas et, ce faisant, écraser le petit commerce et éliminer la concurrence.
>
> En France l'État est régulièrement appelé à l'aide par les fabricants pour intervenir dans les négociations avec la grande distribution. De leur côté, les fédérations de petits commerçants demandent à l'État de limiter, voire d'interdire la création de nouvelles grandes surfaces.
>
> En revanche, les représentants de la grande distribution estiment que l'État doit rester à l'écart. Pour eux, la grande distribution et le petit commerce sont des secteurs complémentaires, les deux ont leur place. Le consommateur bénéficierait de cette situation parce qu'il profiterait de la variété de l'offre. Avec cette concurrence, le petit commerce serait en outre obligé de se moderniser et de s'adapter aux besoins du consommateur.

4. Moyens de communication (pages 54 et 55)

Objectifs
- Analyser, comparer, choisir différents moyens de communication.
- Analyser, concevoir un message publicitaire radiophonique
- → Point grammaire : le discours rapporté (au présent).

Activités 1 et 2, page 54

Suggestions
- Les étudiants lisent la fiche « Ressources » et font les deux activités individuellement. Ils s'entendent ensuite à deux sur des réponses communes.
- Correction collective. Développer certains points de la fiche « Ressources » (voir ci-dessous « Pour votre information »).

Corrigé
Activité 1
2. 7 – **3.** 9 – **4.** 2 – **5.** 1 – **6.** 3 – **7.** 6 – **8.** 8 – **9.** 5.
Activité 2
2. Parrainage. – **3.** PLV. – **4.** Réseaux sociaux. – **5.** Visite d'entreprise.

> **Pour votre information**
>
> **Quels sont les outils de la communication marketing ?**
>
> Il ne suffit pas d'avoir un produit qui répond à un besoin. Encore faut-il le faire savoir. C'est tout l'objet de la politique de communication. Pour cela, l'entreprise dispose d'un certain nombre d'outils ou de moyens qu'on peut regrouper en trois familles :
>
> **La publicité** : elle vise à informer le public (rendre public). On distingue généralement la publicité par les grands médias, qui permet de toucher un public très vaste, et la publicité hors média, qui permet de se faire connaître auprès d'un public plus restreint.
>
> **La promotion des ventes** : elle est destinée à « pousser » le consommateur à acheter des produits de consommation courante. Pour être efficace, elle doit être limitée dans le temps : le consommateur doit percevoir un avantage exceptionnel et momentané au moment de l'achat ;
>
> **La communication institutionnelle** : elle est destinée à promouvoir l'image de l'entreprise et non à vendre un produit particulier. À côté du parrainage (= sponsoring) et des relations publiques, citons le mécénat, qui consiste à aider une œuvre ou une personne pour une activité d'intérêt général (ex. : aide à la recherche médicale, à la lutte contre la pollution, à une fondation pour la musique, etc.).

Activité 3, page 54

Suggestions
- Les étudiants répondent à deux.
- Correction collective.

Corrigé
Proposition

1. *La publicité à la radio convient bien aux produits de grande consommation*: VRAI. La radio touche un large public. Les messages reviennent fréquemment et conviennent bien aux produits qu'on achète souvent.
2. *Une affiche publicitaire doit comporter beaucoup de texte écrit*: FAUX. Le passant n'a pas le temps de lire, il est distrait, pressé, l'affiche doit lui « sauter aux yeux ».
3. *Dans la presse, un message publicitaire peut être long et argumenté*: FAUX dans la presse quotidienne, car le message doit être bref et simplement informatif ; plutôt VRAI – ou un peu moins FAUX – dans la presse périodique (hebdomadaires, mensuels), car la lecture d'une revue est moins rapide que celle d'un quotidien et se fait généralement en plusieurs fois ; tout à fait VRAI dans un publi-reportage (cette publicité prend la forme d'un contenu journalistique, en mélangeant le réalisme du journalisme avec le côté commercial d'une publicité).
4. *Le parrainage est un bon moyen de faire connaître une nouvelle marque*: FAUX. Le parrainage entretient la notoriété d'une marque déjà connue. On se contente de citer le nom de marque (Coca-Cola autour du stade de football), on ne présente plus le produit, et il n'y a pas de place pour l'argumentation. Le parrainage ne peut donc pas être utilisé pour lancer un produit ou une marque inconnus.
5. *La première qualité d'une bonne publicité est d'être belle*: FAUX. Selon les cultures, le produit, le public visé, les qualités d'une publicité sont diverses et variées. Et la beauté est subjective.
6. *Personne ne peut échapper à la communication marketing*: VRAI. Même les plus avertis, les plus méfiants ou les plus marginaux ne peuvent pas se détacher complètement de leur environnement.
7. *L'avenir de la communication marketing se trouve principalement dans le téléphone portable*: plutôt VRAI. Le téléphone portable prend et continue à prendre une place considérable. Il est difficile d'échapper aux publicités que les applications, souvent gratuites, contiennent.

Activités 4, 5 et 6, page 55

Suggestions
- Lire les trois cas des activités 4, 5, 6. S'assurer que la situation et les consignes sont claires pour tous.
- Les étudiants résolvent ces mini-cas par groupe de trois ou quatre personnes. Temps de préparation : environ 20 minutes pour les trois cas.
- Correction collective cas par cas. Un représentant de groupe fait brièvement part des propositions de son groupe
- Expliquer, commenter les propositions les plus intéressantes.
- Faire la synthèse des propositions retenues. (Voir « La méthode des cas : quelques suggestions », page 7.)

Corrigé
Activité 4
Proposition

Maxime est à la tête d'une très petite entreprise. Son budget est certainement limité. Il faut donc exclure toute action de communication importante et coûteuse : publicité par les médias de masse (y compris les grands magazines de mode ou de la presse féminine, le sponsoring, etc.). Maxime peut :
– créer un site Internet ;
– être actif sur les réseaux sociaux ;
– déposer des dépliants ou cartes d'invitations dans certains lieux fréquentés par une clientèle argentée : salons de coiffure haut de gamme, boîtes de nuit, etc.

unité 4

- participer à des salons liés à la mode, où il pourra rencontrer des professionnels du milieu, distribuer des prospectus ;
- participer à des défilés réservés aux jeunes créateurs ;
- ouvrir sa boutique dans un grand magasin, vendre sur Amazon ;
- offrir ses vêtements à des personnes en vue, qui pourront faire connaître ses créations auprès de leurs relations. Le bouche-à-oreille peut lui amener quelques clientes ;
- trouver un autre emplacement pour sa boutique, car celui qu'il a choisi n'est pas le meilleur. Il trouvera peu de clientes parmi les passagers pressés de la gare. Certains quartiers de Paris, comme le Marais, où se concentrent des créateurs de mode, semblent plus appropriés.

Activité 5

Proposition

Pourquoi seulement ce roman ?

Parce que M. Martin est un gros lecteur. Parce qu'il aime particulièrement les romans de Jean-Paul Dubois. Ou parce que le romancier, Jean-Paul Dubois, est son voisin, ou son cousin, ou son gendre. Etc.

Conclusion : On retient surtout les annonces de produits qui a priori nous intéressent. Le marketing, prétendent ses défenseurs, ne crée pas de besoins. Il répondrait simplement à des besoins préexistants, et la communication aurait pour principal objectif d'informer le consommateur, de lui faire savoir que l'entreprise détient le produit qui répond à son besoin. Un point de vue discutable.

Activité 6

Proposition

Pour faire connaître ses produits, BCX peut :
- envoyer des *newsletters* à des abonnés ;
- faire de la publicité dans des revues professionnelles ;
- participer à des salons professionnels (tel le Salon du bricolage).

Activité 7, page 55

Suggestions
- Exercice individuel. Faire écouter deux fois.
- Correction collective.
- Analyser l'annonce.
- En complément de cette activité, il peut être intéressant d'analyser d'autres annonces publicitaires, écoutées à la radio ou lues dans un journal, choisies par l'enseignant ou par les étudiants. Les étudiants devront se placer du point de vue de l'annonceur : quels peuvent être l'objectif commercial, l'objectif de communication, la cible de cette annonce ? Quels mécanismes utilise-t-on pour convaincre ? Quelle est l'efficacité de l'annonce ?

Corrigé

1. *Qu'est-ce qu'Ambipur Car ?* Un diffuseur de parfum pour la voiture. – **2.** *Où se passe la scène ?* Dans un parking. – **3.** *Pourquoi Mme Dupont est-elle dans sa voiture ?* Depuis qu'elle a découvert Ambi-Pur Car, Mme Dupont vit dans sa voiture. – **4.** *Vous rappelez-vous le slogan ?* « Ambipur Car, le parfum de votre voiture ! » – **5.** *Quelles sont les qualités d'un bon spot publicitaire à la radio ?* Voir ci-dessous « Pour votre information »

> ### Pour votre information
>
> Généralement un message publicitaire radiophonique raconte une histoire, originale, voire drôle, il est court (de 20 à 30 secondes), clair, le nom du produit est répété une ou deux fois, le slogan est simple, facile à mémoriser. Le message raconte souvent une histoire (telle la saynète du parking) et cette histoire est suivie de la présentation du produit. L'annonce Ambipur apporte des informations sur le produit lui-même (un parfum pour la voiture) et sur le lieu de vente (disponible en grande surface).

Activité 8, page 55

Suggestions

- Des équipes de trois à quatre étudiants préparent un spot (message) publicitaire. Temps de préparation : environ 20 minutes. À la liste proposée, le professeur peut ajouter d'autres produits : un café, un parfum, un aspirateur, une voiture, une agence immobilière, etc.
- Chaque équipe joue le spot devant la classe.
- Les messages peuvent être enregistrés, puis écoutés par la classe.

→ **Point grammaire, page 55**

Elle veut savoir :

1. ce qu'elle peut faire pour changer l'image de son entreprise. – **2.** à quel moment ils doivent commencer leur campagne d'affichage. – **3.** s'il leur faut participer au Salon de Paris. – **4.** ce qui est le plus rentable. – **5.** pourquoi elle n'a pas encore reçu nos échantillons. – **6.** quand et où aura lieu la prochaine réunion. – **7.** si son directeur doit y assister.

5. Force de vente (pages 56 et 57)

Objectifs

- Comprendre le rôle de la force de vente (= l'équipe des vendeurs).
- Reconnaître les qualités d'un bon vendeur.
- Découvrir différentes techniques de vente.
- Mener un entretien de vente.

→ Point grammaire : l'infinitif, complément du verbe.

Activité 1, page 56

Suggestions

- Les étudiants travaillent à deux.
- Correction collective.

Corrigé

Proposition

1. *Qui a participé à la naissance du MX76 ?* Tamara et son client.

2. *La publicité est à sens unique alors que la force de vente est à double sens.* Les vendeurs apportent des informations sur leurs produits aux clients (et tentent de les convaincre d'acheter). Ils collectent également des informations auprès de ces mêmes clients et, comme l'a fait Tamara, font remonter ces informations à l'entreprise, qui pourra ainsi mieux répondre à la demande du marché. La publicité, quant à elle, est à sens unique : elle ne renvoie pas d'informations à l'entreprise.

Activités 2 et 3, page 56

Suggestions

- Exercices individuels.
- Correction collective.

Corrigé

Activité 2

Étape 1 : Accueillir. – *Étape 2* : Découvrir. – *Étape 3* : Argumenter. – *Étape 4* : Traiter les objections. – *Étape 5* : Conclure.

Activité 3

2. *C'est pratique et bon marché, c'est exactement ce que vous cherchez.* Étape 3.

unité 4

3. *Vous payez en espèces ou par chèque ?* Étape 5.

4. *Si j'ai bien compris, vous voulez savoir si c'est facile à utiliser, n'est-ce pas ?* Étape 4. (L'objection du client portait sans doute sur la complexité du mode d'emploi. « J'ai l'impression que c'est difficile à utiliser », a-t-il pu objecter. Dans ce cas, le vendeur a bien fait de reformuler l'objection de manière positive.)

5. *Avez-vous des enfants ?* Étape 2.

Activité 4, page 56

Suggestions
- Les étudiants s'entendent à deux sur une réponse.
- Correction collective.

Corrigé
Proposition

1. « *Ne vous inquiétez pas ! Vous ne risquez rien avec nos produits.* » Le vendeur force la décision du client. C'est risqué. Le client peut accepter les indications du vendeur, mais il peut aussi s'y refuser énergiquement.

2. « *Vous, vous êtes en train de chercher une excuse pour ne pas acheter.* » Le vendeur interprète les dires du client de manière abusive. Le client peut en être agacé et adopter une attitude de refus.

3. « *Les comparaisons ne servent pas à grand-chose, vous savez.* » Le vendeur porte un jugement négatif sur les propos du client. Ce dernier peut se sentir agressé et vouloir « agresser » à son tour le vendeur.

4. « *Mon père est comme vous, il aime bien juger en connaissance de cause.* » Le vendeur souligne une communauté d'expérience et cherche à dédramatiser le problème du client. Mais le client ne connaît pas le père et peut interpréter la remarque négativement. Par ailleurs, le vendeur a intérêt à garder une certaine distance avec son client. Il devrait éviter de parler de sa vie familiale. Il aurait mieux fait d'apporter un soutien au client en disant simplement : « Je suis comme vous, j'aime bien... »

5. « *Il est très utile de faire des comparaisons pour se décider.* » Le vendeur reflète ce que dit le client, qui se sentira compris et qui pourra ainsi avancer de manière autonome au cours de l'entretien. Mais le vendeur doit développer ensuite son argumentaire, au risque de laisser filer le client (désireux de comparer les produits dans un autre magasin).

6. « *Je ne comprends pas, quel genre de comparaison voulez-vous faire ?* » Poser des questions pour obtenir des précisions est nécessaire à certains stades de l'entretien, notamment quand le vendeur cherche à connaître les besoins du client. Dans certains cas, toutefois, le client peut se sentir soumis à un interrogatoire et refuser de s'y soumettre. En tout cas, le vendeur ne devrait pas dire qu'il ne comprend pas, car il laisse entendre que le client s'exprime mal ou raconte des bêtises.

La meilleure réponse : la réponse 5 semble préférable, mais aux conditions mentionnées ci-dessus.

Activité 5, page 56

Suggestions
- Les étudiants écoutent et notent leurs réponses.
- Correction collective.

Corrigé

1. *Quelles sont les deux questions de la vendeuse ?* 1. Quel type de lunettes cherchez-vous ? 2. Avez-vous une préférence pour la monture ?

2. *Quelle est l'objection du client et que répond la vendeuse ?* Le client trouve les lunettes (trop) chères. La vendeuse répond en vantant les qualités de la monture et des verres, puis en lui proposant d'essayer les lunettes.

3. *Comment la vendeuse incite-t-elle le client à conclure la vente ?* Elle l'invite à payer en lui demandant comment il souhaite régler.

4. *La vendeuse est-elle professionnelle ?* Plutôt oui, pour les raisons suivantes :

– Elle suit les différentes étapes de la vente : accueil du client, découverte de ses besoins, argumentation, traitement des objections, conclusion.
– Elle propose un produit qui correspond aux besoins du client.
– Elle traite l'objection avec tact : elle reformule, abonde dans le sens du client (« Je comprends », dit-elle, car il ne faudrait pas dire : « Mais non, ce n'est pas cher »), elle propose au client d'essayer les lunettes, etc.

Activités 6 et 7, page 57

Suggestions
- Les étudiants répondent à deux aux questions des activités 6 et 7.
- Correction collective.

Corrigé

Activité 6
Proposition

1. *Le vendeur doit commencer par présenter les produits* : FAUX. Avant de présenter le produit, le vendeur doit accueillir le client, puis rechercher les besoins de ce client.

2. *Il doit argumenter pour découvrir les besoins du client* : FAUX. Pour découvrir les besoins du client, le vendeur doit poser des questions, et non pas argumenter. Ce n'est qu'une fois qu'il a identifié les besoins du client qu'il peut présenter le produit… en argumentant (pour convaincre le client que le produit correspond bien à ses besoins).

3. *Il encourage le client à parler* : VRAI. Le vendeur fait parler le client pour pouvoir comprendre ses besoins.

4. *Il pose des questions fermées* : FAUX. Les questions fermées n'encouragent pas le client à parler et elles risquent de rompre le contact.

5. *Il n'hésite pas à tromper le client* : parfois VRAI. Notamment quand le vendeur est certain de ne plus revoir le client (touriste de passage, par exemple).

Activité 7
Proposition

Mode de rémunération	Avantages	Inconvénients
Fixe	• Pour le vendeur : sécurisant. • Pour l'entreprise : facile à comptabiliser.	• Pour le vendeur : peu stimulant. • Pour l'entreprise : il faut contrôler l'activité du vendeur.
Commission	• Pour le vendeur : stimulant. • Pour l'entreprise : le vendeur est payé seulement s'il obtient des résultats. Il n'y a pas besoin de contrôler le vendeur.	• Pour le vendeur : il attache seulement de l'importance au chiffre d'affaires. Il « pousse » les produits faciles à vendre et a tendance à négliger ceux qui ne sont pas immédiatement rentables.
Prime	• Pour l'entreprise : elle peut orienter le vendeur sur la vente de certains produits pendant une période déterminée (ex. : lancement d'un nouveau produit).	• Pour l'entreprise : il y a un risque que les « produits sans prime » soient délaissés par le vendeur.

Activité 8, page 57

Suggestions

- Les étudiants font l'activité à deux.
- Correction collective.

Corrigé

Proposition

La décision d'embaucher de nouveaux vendeurs est critiquable. D'après l'article de presse, les Français ont modifié leur mode de consommation de vins. Au lieu de boire des vins médiocres à chaque repas, ils préfèrent consommer des vins de qualité à certains moments privilégiés. Le marché des vins de table courants semble donc limité et il est à craindre que nouveaux vendeurs ne redresseront pas le chiffre d'affaires si l'entreprise s'obstine à vendre ce type de produits.

La société Dumont ferait mieux :

- soit d'exporter ce type de vins dans des pays où ce marché existe, s'il existe ;
- soit de changer de produit en vendant des vins de qualité supérieure ;
- soit de faire l'un et l'autre.

 Jouez à deux, page 57

Suggestions

- S'assurer que la situation et les consignes sont claires pour tout le monde.
- Après le jeu de rôle, les étudiants font un rapide compte rendu de leur entretien. Le client a-t-il acheté les lunettes ?
- Voir « Comment jouer à deux », page 12.

→ Point grammaire, page 57

Corrigé

1. D'abord un bon vendeur tâche *de*… – **2.** Il commence *à*… – **3.** Il évite *de*…, il aime mieux Ø… – **4.** Il s'efforce *de*… – **5.** Il est capable *de*… – **6.** Il veut Ø…, il n'essaye pas *de*…. Il ne cherche pas à… – **7.** Il préfère Ø… Il pense qu'il vaut mieux Ø… – **8.** Il ne craint pas *de*… – **9.** Il finit *par*…

Bilan de compétences (pages 58 à 61)

A. Lire (pages 58 et 59)

Activités 1 et 2, pages 58 et 59

Suggestions

- Les étudiants font les exercices individuellement, à la maison
- En classe, ils s'entendent à deux sur des réponses communes.
- Correction collective.

Corrigé

Activité 1

Exercice a

2. B – **3.** C – **4.** D – **5.** F – **6.** A

Exercice b

1. *Quel pourcentage du temps éveillé consacre-t-on à Internet ?* La moitié de la moitié, soit 25 %. (Voir paragraphe 1 de l'article.)

2. *Comment appelle-t-on un public touché par un média ?* Une audience.

3. *Pourquoi ce public est-il aujourd'hui plus difficile à toucher ?* Il y a trente ans, les médias n'étaient pas aussi nombreux qu'aujourd'hui, le public était facilement identifiable, et il était relativement facile d'en toucher une bonne partie. Aujourd'hui l'audience est fragmentée. (Paragraphe 2.)

4. *Pourquoi les entreprises peuvent-elles plus difficilement contrôler leur communication ?* Parce que leurs relations avec les clients ont changé, de même que les relations entre les clients eux-mêmes. Ces clients se fient maintenant plus aux avis des consommateurs (sur Internet) qu'aux messages des entreprises. D'après l'article, les entreprises auraient ainsi perdu de leur pouvoir au profit du pouvoir des consommateurs. (Paragraphe 3.)

5. *Comment les entreprises pourraient-elles profiter au mieux d'Internet ?* Internet leur permet de collecter des données utiles sur les comportements des consommateurs. Elles peuvent ainsi affiner leur offre, en proposant de nouveaux contenus et services. (Paragraphe 4.)

Activité 2

a. La phrase 2 *(« En perdant une fillette de 10 ans… »)* résume le mieux l'article, car elle restitue le message dans son entier. Les autres phrases font un résumé incomplet :

Phrase 1. *La compagnie américaine United Airlines perd une petite fille et attire la colère des voyageurs sur les réseaux sociaux.* Cette phrase ne dit rien des conséquences de l'incident sur la réputation de la compagnie, alors que cette information est essentielle.

Phrase 3. *Une petite fille confiée à United Airlines rate sa correspondance et se perd dans l'aéroport de Chicago.* Cette phrase résume l'article du point de vue de la petite fille, alors que United Airlines est au centre de l'article. La phrase ne dit rien sur la responsabilité de la compagnie, ni sur les réseaux sociaux, ni sur les conséquences de l'incident sur la réputation de la compagnie.

Phrase 4. *Les réseaux sociaux révèlent la disparition d'une petite fille et entachent la réputation de United Airlines.* On ne voit pas le rapport entre la disparition de la fillette et la réputation de United Airlines, on ne peut pas savoir que la petite fille voyageait avec United Airlines et encore moins qu'elle était sous la responsabilité de la compagnie.

b. Meilleure conclusion de l'article : *Les entreprises ne doivent pas négliger les réseaux sociaux.*

B.  Écouter (page 60)

Activité 1, page 60

Suggestions

- Expliquer la situation, lire les questions.
- Si besoin, faire écouter deux fois.
- Correction collective.
- Voir « Comment écouter », page 22.

Corrigé

1. *Quels sont les deux adversaires des Superfermiers ?* La standardisation du goût et la toute-puissance des grandes surfaces. – **2.** *Quelles sont les deux étapes à suivre pour acheter les produits des Superfermiers ?* Le client commande sur Internet, puis va chercher les produits dans la ferme de son choix. – **3.** *Quel est le positionnement des produits des Superfermiers ?* Des produits locaux, simples et bons. – **4.** *Quel aspect du marketing examine principalement ce reportage ?* La distribution.

Activité 2, page 60

Suggestions

- Les étudiants écoutent les quatre messages d'affilée.
- Individuellement, ils complètent le tableau de l'exercice a et font l'exercice b.
- Correction collective.
- Faire lire à haute voix la transcription de l'enregistrement (à la fin de l'ouvrage, page 135), en distribuant les rôles.

unité 4

Corrigé
Exercice a

	Type de produit	Nom du produit	Slogan
1	Un parfum	Sensation	Une nouvelle *sensation chaque jour*.
2	*Un aspirateur*	Tornade	Rien *ne lui échappe*.
3	*Un café*	Palmier	Qui apporte *de la douceur*.
4	*Un contrat d'assurances*	Contrat MAAF	Chercheur *en vie meilleure*.

Exercice b.

1. *Les maisons ne peuvent pas se déplacer.* → 4 – **2.** *T'as pas fini de regarder cette fille?* → 3 – **3.** *Tu dis n'importe quoi.* → 3 – **4.** *Salut, qu'est-ce que tu sens bon aujourd'hui?* → 1 – **5.** *Tu as cherché dans ta chambre?* → 2 – **6.** *Informations et conditions dans nos agences.* → 4

C. Écrire (page 61)

Suggestions

- Faire lire l'article. S'assurer que la situation est claire pour tout le monde.
- Les étudiants mettent les paragraphes dans l'ordre individuellement, puis s'entendent à deux sur une réponse commune.
- Correction collective.
- Travail individuel : les étudiants rédigent le mail à la maison.

Corrigé

Proposition

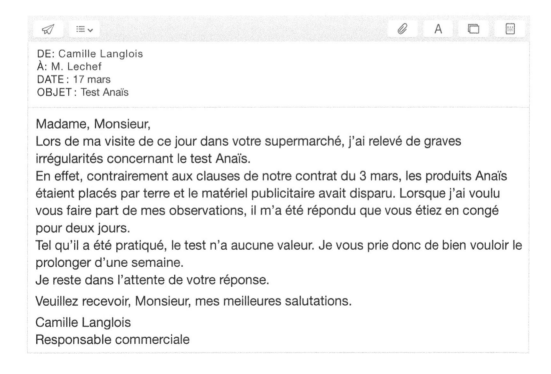

D. Parler (pages 61)

 Jouez à deux

Suggestions

- S'assurer que la situation, telle qu'elle est décrite à la page 61, est bien comprise de tous. Que fait la société Meyer ? Où se trouvent les personnes A et B ? Qui est Paul Chen ? Où est-il ? Qui est Victor Dujardin ? Où est-il ? Etc.
- Si la situation est claire pour tout le monde, le jeu peut commencer. Les joueurs communiquent librement, sans l'intervention du professeur. (Voir « Comment jouer à deux », page 12.)
- Mise en commun : expliquer pourquoi MM. Suzuki et Dujardin n'ont pas réussi à s'entendre. Les étudiants donnent leur point de vue. Débat.

Corrigé

Proposition

Trois raisons peuvent expliquer pourquoi messieurs Suzuki et Dujardin n'ont pas réussi à s'entendre :
- Bien qu'il ait dit à M. Chen que le produit était de grande qualité, M. Suzuki n'était pas véritablement intéressé par le produit.
- Victor Dujardin n'a pas compris comment les choses fonctionnaient au Japon. Il a manqué de tact. Il n'a pas su s'adapter.
- Il y a un problème de communication, une sorte de malentendu culturel. Si M. Suzuki n'a pas dit explicitement qu'il devait demander l'avis de ses collaborateurs, il l'a laissé entendre. Victor Dujardin, habitué à une communication explicite, n'a pas compris que M. Suzuki avait besoin de temps pour prendre une décision, qu'il ne voulait ni ne pouvait décider seul, qu'il devait prendre l'avis de ses collaborateurs.

unité 5 Correspondance commerciale

1. Étapes de la vente (pages 62 et 63)

Objectifs

- Comprendre le processus de vente dans son ensemble : de l'appel d'offres au règlement.
- Découvrir les termes et expressions de base de la correspondance commerciale.
- Analyser l'offre de partenariat d'une entreprise.
- Demander (par mail) des informations sur les conditions de vente d'un produit.
→ Point grammaire : Les différentes façons de demander (conditionnel, impératif, etc.)

Activités 1 et 2, page 62

Suggestions

- Les étudiants font les activités 1 et 2 individuellement.
- Correction collective. Préciser que les leçons suivantes reviendront avec quelques détails sur ces différentes étapes. Apporter des explications ou exemples pour chaque item de l'activité 2. Par exemple, pour l'item 1, on peut préciser que l'acompte est versé à la conclusion du contrat et qu'il implique que le vendeur et l'acheteur doivent honorer leur engagement.

Corrigé

Activité 1

1. Mobilia est *le fournisseur*. – 2. Mobilia vend *des biens d'*équipement. – 3. *J'accuse réception (de)* veut dire *J'ai bien reçu*. – 4. Réceptionner, c'est à la fois *recevoir, contrôler, enregistrer une livraison*.

Activité 2

Client et/ou fournisseur ?

2. *Il demande une réduction* : CLIENT (le fournisseur, quant à lui, accorde une réduction).
3. *Il accorde un délai de paiement* : FOURNISSEUR (le client, quant à lui, *bénéficie d'*une réduction).
4. *Il contracte une assurance* : CLIENT et/ou FOURNISSEUR (par exemple, l'un ou l'autre peuvent contracter une assurance pour le transport des marchandises ou s'assurer contre d'éventuels dommages lors de la réalisation de travaux).
5. *Il prend livraison* : CLIENT (le fournisseur, quant à lui, livre la marchandise).
6. *Il fait une réclamation* : CLIENT et/ou FOURNISSEUR (par exemple, le client peut faire une réclamation pour retard de livraison et le fournisseur pour retard de paiement).
7. *Il signe le bon de réception* : CLIENT (le bon de réception est un double du bon de livraison : le client conserve le bon de livraison et le bon de réception qu'il signe est retourné au fournisseur).
8. *Il demande une facture rectificative* : CLIENT (en cas d'erreur sur la facture, le client demande au fournisseur une nouvelle facture).

> **Pour votre information**
>
> Comment nommer les différentes réductions de prix
> Selon la situation, le fournisseur peut accorder à son client les réductions suivantes :
> – L'escompte : pour paiement au comptant, c'est-à-dire immédiat.
> – Le rabais : pour compenser un défaut de qualité ou de conformité des marchandises, ou un retard de livraison.
> – La remise : accordée en considération de l'importance de la commande.
> – La ristourne : accordée en fin d'année pour remercier le client de sa fidélité.

→ **Point grammaire, page 62**

Corrigé

4. Je vous prie de m'envoyer… – **1.** Envoie-moi – **3.** Merci de m'envoyer… – **2.** Pourrais-tu m'envoyer… ? (Le tutoiement est la marque d'une relation informelle.)

> **Pour votre information**
>
> Merci de + *infinitif présent* = je vous demande. *Ex.* : Merci de m'envoyer…
> Merci de + *infinitif passé* = je vous remercie. *Ex.* : Je vous remercie de m'avoir envoyé…

Activité 3, page 63

Suggestions
- Les étudiants font l'activité individuellement.
- Correction collective.

Corrigé

1. *La marchandise a été confiée ce jour à notre transporteur* : FOURNISSEUR, ÉTAPE **5** (avis d'expédition). – **2.** *Vous trouverez ci-joint notre liste de prix* : FOURNISSEUR, ÉTAPE **2** (offre). – **3.** *Nous avons l'intention de vous commander 1 500 boîtiers* : CLIENT, ÉTAPE **1** (demande d'information dans l'objectif de passer commande). – **4.** *Nous pouvons vous livrer dès réception de votre commande* : FOURNISSEUR, ÉTAPE **2** (offre). – **5.** *Je vous prie de m'adresser ces articles avant le 20 janvier* : CLIENT, ÉTAPE **3** (passation de commande). – **6.** *Votre facture est disponible sur orange.fr > espace client* : FOURNISSEUR, ÉTAPE **8** (envoi de la facture). – **7.** *Bienvenue sur le service de paiement en ligne* : FOURNISSEUR, ÉTAPE **9** (règlement)

Activité 4, page 63

Suggestions
- Activité à faire individuellement.
- Correction collective

Corrigé

1. Ce mail s'adresse à un fournisseur. – **2.** Il a été envoyé à l'étape 1 (de la fiche « Ressources »). – **3.** BioConcept vend des produits biologiques. M. Martinez joint à son mail un document contenant des informations détaillées sur les produits de son entreprise. – **4.** M. Martinez demande des informations sur les prix et les conditions sur les produits du fournisseur. Il veut parler des conditions de vente, notamment des délais de paiement. Il souhaiterait rencontrer un représentant du fournisseur. – **5.** *veuillez trouver* : vous trouverez – *vous prions de bien vouloir* : vous remercions de… – *les plus avantageux* : les plus intéressants – *nous informer de* : nous faire connaître – *nous souhaiterions* : nous serions heureux de.

Activité 5, page 63

Suggestions
- Travail individuel : les étudiants rédigent le mail à la maison.
- Correction personnalisée.
- Expressions de la correspondance professionnelle :
- Pour la rédaction d'un courrier professionnel, les tableaux des pages 114 et 115 (du livre de l'élève) peuvent être consultés à tout moment.
- Les étudiants font les exercices des pages 114 et 115, si ces exercices n'ont pas été faits au moment de la leçon page 13 (Unité 1 – Leçon 4 : Défense du consommateur).

unité 5

2. Commande en ligne (pages 64 et 65)

Objectifs
- Comparer différents moyens de passer commande.
- Examiner un accusé de réception de commande.
- Corriger la ponctuation d'un texte.
- Parler de l'opportunité de créer un site de commerce électronique.
→ Point grammaire : la condition.

Activité 1, page 64

Suggestions
- Lire ou faire lire la fiche « Ressources ».
- Les étudiants répondent collectivement aux questions.

Corrigé
Proposition
Les différents moyens de passer commande présente chacun des avantages et des inconvénients.

Le téléphone
– Avantages : il est rapide.
– Inconvénients : les risques d'erreur ou d'omission sont importants et il ne laisse pas de preuve. Il convient bien aux commandes urgentes, mais il est prudent de confirmer la commande par écrit.

La lettre ou le mail
– Avantages : ils permettent d'écrire en détail et librement, ils peuvent être utilisés pour confirmer une commande passée au téléphone. La lettre a aujourd'hui un côté formel et est plus longue à arriver à son destinataire que le mail.
– Inconvénients : comme la page (papier ou électronique) est vierge, les risques d'oubli sont importants, il faut du temps et quelques qualités de rédacteur. Ils conviennent aux commandes particulières.

Le bon de commande ou les formulaires informatisés du commerce électronique
– Avantages : ce sont des formulaires, faciles et relativement rapides à remplir. Les risques d'oubli sont limités. C'est le moyen le plus utilisé car il convient bien aux commandes ordinaires, notamment aux commandes en ligne.
– Inconvénients : ils ne conviennent pas aux commandes particulières.

> **Pour votre information**
>
> **Côté entreprise : comment optimiser les formulaires de votre e-commerce**
>
> **1.** Ne découragez pas votre client, faites court, ne demandez que l'essentiel. Les consommateurs n'aiment pas remplir ces formulaires. Et la taille de l'écran des téléphones portables n'arrange rien !
>
> **2.** Rassurez votre client. Informez-le qu'il évolue dans un environnement sécurisé et que les données collectées ne seront pas utilisées en dehors du traitement de sa commande.
>
> **3.** Avant que le client ne valide sa commande, rappelez-lui le ou les produits qu'il achète. Dans le formulaire de paiement, affichez les détails de son achat et, le cas échéant, mentionnez la réduction qui a été appliquée.

Activité 2, page 64

Suggestions
- Après avoir pris connaissance du document, les étudiants répondent collectivement aux questions.
- Relever et reprendre dans une phrase certains termes « techniques », propres à la correspondance commerciale : *livraison, facturation, expédition, mode de paiement, articles, port, frais de port.*

Corrigé
1. Ce document est un accusé de réception de commande.

2. *Le vendeur* : Chapitre.com. Il vend tous les livres, « même les introuvables » (c'est-à-dire des livres difficiles à trouver) : des livres neufs, numériques ou d'occasion. Il propose également de publier les livres de ses clients.

3. *Date de la commande* : 27 août 2020. Le client achète un ouvrage intitulé *Courrier d'affaires*, publié aux éditions Dumoulin.

4. *Délais de livraison* : livraison entre le 30 août et le 2 septembre, soit dans trois à six jours.

5. *Lieu de livraison* : Attilaplatz 11, à Berlin.

6. *Acheteur* : Adrien Baudelaire. Il règle par carte bancaire un montant total de 3,84 € (les frais de port constituant l'essentiel du prix).

Activité 3, page 64

Suggestions
- Exercice individuel.
- Correction collective.

Corrigé
Connaissez-vous Chapitre.com ? Cette librairie en ligne propose le livre sous toutes ses formes : neufs, occasions, électroniques, etc. Comme il est annoncé sur le site, vous y trouverez même des livres introuvables. En effet, grâce à son réseau de librairies partenaires, Chapitre.com propose 800 000 ouvrages anciens ou épuisés. Avec Chapitre.com, faites les bouquinistes sans vous déplacer !

Activité 4, page 64

Suggestions
- Dans un premier temps (exercice a), les étudiants proposent collectivement des raisons pouvant expliquer la baisse de prix des livres. Cet exercice a préparé l'écoute de l'exercice b.
- Les étudiants écoutent en prenant des notes.
- Correction collective.

Corrigé
Mélanie Barraud évoque deux raisons pour expliquer la baisse du prix des livres :

1. On achète de plus en plus de livres d'occasion, lesquels sont moins chers que les livres neufs.
2. Les livres numériques ont de plus en plus de succès et ils sont meilleur marché que les livres papier.

→ Point grammaire, page 64

Corrigé
1. Si votre offre **est** intéressante, nous vous passerons commande. – **2.** Si votre offre était intéressante, nous vous **passerions** commande. – **3.** Si votre offre avait été intéressante, nous vous **aurions passé** commande depuis longtemps. – **4.** Nous vous passerons commande à condition que votre offre **soit** intéressante. – **5.** Au cas où votre offre **serait** intéressante, nous passerions commande

 Jeu de rôle, page 64

Suggestion
- Voir « Comment jouer à deux », page 12.

3. Service livraison (pages 66 et 67)

Objectifs
- Examiner les différents problèmes de livraison.
- Organiser son écrit, utiliser des mots de liaison.

unité 5

- Adresser ou traiter une réclamation (par téléphone ou par mail).
- Découvrir de nouveaux modes de livraison.
→ Point grammaire : la cause.

Activité 1, page 66

Suggestions

- Expliquer la fiche « Ressources ». Illustrer par des exemples les différents cas liés à des problèmes de livraison. Les étudiants peuvent raconter leurs expériences. Insister sur l'importance d'ordonner les informations dans un courrier de réclamation : il ne faut pas vouloir dire tout à la fois.
- Les étudiants font individuellement les exercices a et b.
- Correction collective.
- Relever certains termes ou expressions fréquemment utilisés dans la correspondance commerciale : *nous vous serions reconnaissants de, expédier, nous avons bien reçu, faisant l'objet de (= concernant), référencée ci-dessus, dans les meilleurs délais (= le plus rapidement possible, passer commande, conditions de vente, délais de livraison, je serais obligé de, annuler une commande, dans le cas contraire (= sinon).*
- Relever les mots de liaison : *toutefois* et *or* pour exprimer l'opposition, *en conséquence* et *donc* pour exprimer la conséquence. Les étudiants font à ce moment l'exercice de grammaire sur la cause.

Corrigé

a. Livraison incomplète
1. Nous avons bien reçu… **2.** Toutefois, en déballant la marchandise… **3.** En conséquence, nous vous serions reconnaissants… **4.** Nous vous en remercions par avance. **5.** Veuillez recevoir…

b. Commande 987699
1. Le 3 mars, je vous ai passé commande… **2.** Or, nous sommes le 25 mars… **3.** Je vous demande donc… **4.** Dans le cas contraire, je serais obligé… **5.** Je reste dans l'attente… **6.** Cordialement,

> ### Pour votre information
>
> **Qu'est-ce qu'une livraison ?**
> Le mot a deux sens :
> 1. C'est la remise matérielle d'un objet à qui cet objet est destiné. *Ex.* : La marchandise est payable à la livraison.
> 2. C'est la marchandise livrée. *Ex.* : Nous avons bien reçu ce jour la livraison.
>
> **Qu'est-ce qu'une commande ?**
> Le mot a également deux sens :
> 1. C'est l'ordre par lequel un client demande une marchandise ou un service à un fournisseur. *Ex.* : Nous avons passé une commande.
> 2. C'est la marchandise commandée. *Ex.* : Nous avons bien reçu la commande.

→ Point grammaire, page 66

Suggestions

- Expliquer les cas d'utilisation des mots de liaison proposés dans l'exercice, en donnant des exemples (voir ci-dessous « Pour votre information »).
- Les étudiants font l'exercice individuellement.
- Correction collective.

Corrigé

1. Comme – **2.** car – **3.** À force de – **4.** Faute de – **5.** En raison de – **6.** qui – **7.** En effet

Pour votre information

- « **à force de** » + *infinitif* désigne une répétition : *Ex.* : À force d'essayer, il finira par réussir.
- « **car** » est une variante de « parce que », dans un registre plus soutenu. *Ex.* : Il faudrait ranger la salle, car il y a un grand désordre.
- « **comme** » insiste sur le lien logique entre la cause et l'effet et se place généralement en tête de phrase. *Ex.* : Comme il faisait beau, elle est allée se promener.
- « **en effet** » explicite ce qui vient d'être énoncé et peut se placer en tête, en cours ou en fin de phrase. *Ex.* : J'ai très faim. En effet, je n'ai pas mangé depuis hier.
- « **en raison de** » + *nom*. *Ex.* : Ils sont arrivés en retard en raison des embouteillages.
- « **faute de** » + *nom* indique une idée de quantité et exprime une absence ou une carence. *Ex.* : Faute de médicaments, le malade est mort en quelques jours.

Activité 2, page 66

Suggestions
- Travail individuel : les étudiants rédigent le mail à la maison.
- Correction personnalisée.
- Proposer un corrigé.

Corrigé
Proposition

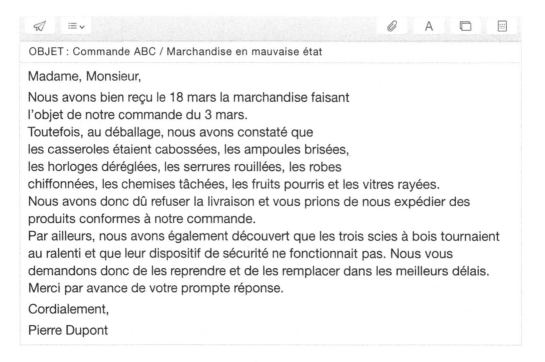

Activité 3, page 67

Suggestions
- Exercice a : Le groupe s'entend sur une réponse commune.
- Exercice b : Les étudiants rédigent le mail à la maison.
- Correction personnalisée.
- Proposer le corrigé ci-dessous.

unité 5

Corrigé

Exercice a

Proposition

Puisqu'il sera facile d'écouler la marchandise, on peut la conserver, en demandant un rabais.

Exercice b

Proposition

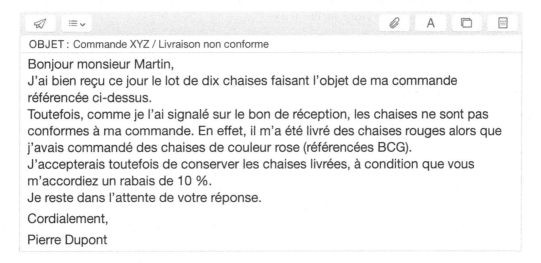

OBJET : Commande XYZ / Livraison non conforme

Bonjour monsieur Martin,
J'ai bien reçu ce jour le lot de dix chaises faisant l'objet de ma commande référencée ci-dessus.
Toutefois, comme je l'ai signalé sur le bon de réception, les chaises ne sont pas conformes à ma commande. En effet, il m'a été livré des chaises rouges alors que j'avais commandé des chaises de couleur rose (référencées BCG).
J'accepterais toutefois de conserver les chaises livrées, à condition que vous m'accordiez un rabais de 10 %.
Je reste dans l'attente de votre réponse.

Cordialement,

Pierre Dupont

Activité 4, page 67

Suggestions

- Lire la consigne, les questions et le début de l'entretien.
- Les étudiants écoutent, prennent des notes.
- Correction collective.
- Deux étudiants lisent le dialogue à haute voix (transcription à la fin de l'ouvrage, page 136), chacun jouant un rôle.
- Travail individuel : les étudiants rédigent le mail de l'exercice b à la maison.
- Correction personnalisée du mail.
- Proposer le Corrigé ci-dessous.

Corrigé

Exercice a

1. *Numéro de la commande* : 1768 – **2.** *Références de l'article* : 00539. *Type de produit* : un bureau informatique en kit (à monter soi-même). – **3.** *Le problème* : il manque une pièce : la planche n° 6. – **4.** On peut dire que la cliente a obtenu satisfaction puisque le fournisseur lui envoie la pièce manquante.

Exercice b

Proposition

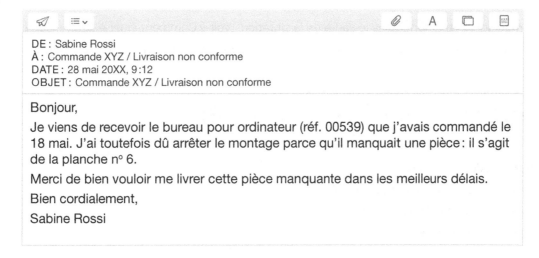

DE : Sabine Rossi
À : Commande XYZ / Livraison non conforme
DATE : 28 mai 20XX, 9:12
OBJET : Commande XYZ / Livraison non conforme

Bonjour,

Je viens de recevoir le bureau pour ordinateur (réf. 00539) que j'avais commandé le 18 mai. J'ai toutefois dû arrêter le montage parce qu'il manquait une pièce : il s'agit de la planche n° 6.

Merci de bien vouloir me livrer cette pièce manquante dans les meilleurs délais.

Bien cordialement,

Sabine Rossi

Pour votre information

Comment adresser une réclamation : téléphone ou e-mail ?

L'e-mail est un moyen de communication pratique, rapide. Il laisse une trace et peut donc constituer une preuve. Si besoin, on peut envoyer une copie aux différentes personnes concernées par la réclamation.

Un appel téléphonique permet d'obtenir une réponse immédiate. Pour beaucoup, il est plus facile de s'expliquer en parlant qu'en écrivant. Mais le téléphone ne laisse aucune trace.

Activité 5, page 67

Suggestions
- Les étudiants répondent aux questions à deux.
- Correction collective.

Corrigé

Proposition

1. *Prime Air* : un service de livraison ultrarapide par drone.
2. *Les drones sont-ils une menace pour Amazon* ? Oui, si une entreprise de robotique réussissait à développer des drones efficaces pouvant livrer des colis. Alors, n'importe quel hypermarché pourrait s'équiper d'une petite flotte de drones et... Amazon perdrait son leadership.
3. *Comment contrer cette menace* ? L'auteur écrit qu'Amazon pourrait contrer cette menace :
   – en éliminant tous ses concurrents avant que ces drones n'arrivent sur le marché
   – ou en devenant elle-même l'entreprise qui développe les drones.
4. *L'auteur est-il sérieux* ? On peut en douter, car il y a dans ses propos comme une pointe d'ironie, notamment quand il parle de «*jolie* vidéo de présentation».
5. Les obstacles à une utilisation massive de ces drones sont nombreux :
   – La législation encadre très sévèrement l'usage des drones. Pour des raisons de sécurité, de très nombreuses grandes villes, comme Paris, interdisent purement et simplement l'utilisation de ces appareils,
   – Il paraît très difficile, voire impossible, de desservir par drones des immeubles d'appartements. Qui assurera la réception ? Qui ouvrira les boîtes aux lettres ?
   – Les aléas climatiques rendent compliquée l'utilisation de drones à certaines saisons ou dans certaines régions.
   – Étant donné leur autonomie limitée, les drones ne pourraient aujourd'hui livrer que des aires très réduites autour des gigantesques, mais rares entrepôts d'Amazon. Pour généraliser une livraison par drone, Amazon devrait démultiplier ses entrepôts, ce qui serait contraire au modèle économique qui a fait son succès.

👥 Jouez à deux, page 67

Suggestions
- Les joueurs communiquent librement, dans le cadre de la situation. (Voir «Comment jouer à deux», page 12.)
- Chaque groupe rend compte brièvement du résultat de la communication téléphonique. Toutes les hypothèses sont les bienvenues.

4. Règlement de facture (pages 68 et 69)

Objectifs
- Examiner différents modes de paiement.
- Demander un délai de paiement (par mail, au téléphone).
- Répondre par écrit à une demande de délai de paiement.
- → Point grammaire : la conséquence.

unité 5

Activité 1, page 68

Suggestions

- Les étudiants lisent la fiche Ressources et font l'exercice individuellement.
- Expliquer la fiche « Ressources », en développant certains points (voir ci-dessous « Pour votre information »).
- Correction collective.

Corrigé

1. *Pour savoir quand payer, voyez les moyens de paiement* : FAUX. Il faut voir les délais de paiement.
2. *Payer au comptant, ça veut dire payer en espèces (= en liquide)* : FAUX. Payer au comptant veut dire payer immédiatement.
3. *Pierre peut payer son boulanger à terme en espèces* : VRAI. À condition que le boulanger accepte de lui faire crédit.
4. *La carte de crédit est un moyen de paiement* : VRAI. Votre compte sera débité plus tard.

Pour votre information

Les délais de paiement : Quand paie-t-on ?

Au comptant (= immédiatement)	À terme (= plus tard)
– À la commande : le client verse un acompte (une partie du prix) au moment de la commande. – À la livraison : le client paie à la réception de la marchandise ou quelques jours après.	– À un jour fixe : par exemple, le 30 avril. – Après un certain délai : par exemple, à 30 jours fin de mois de facturation, ce qui veut dire que le client paie 30 jours à compter de la fin du mois où a été envoyée la facture.

Activité 2, page 68

Suggestions

- Les étudiants répondent aux questions à deux. Pour l'exercice b, ils peuvent s'aider des tableaux des pages 114 et 115 (« Expressions de la correspondance professionnelle »).
- Correction collective. Relever dans ces mails des termes ou expressions fréquemment employés dans la correspondance commerciale : *nous vous adressons, vous voudrez donc bien, nous faire parvenir, etc.*

Corrigé

a. Vous êtes le client.
b. *La phrase la plus importante* : Vous voudrez donc bien nous faire parvenir votre règlement dans les meilleurs délais.
c. 2. *Pouvez-vous* : Vous voudrez donc bien... – **3.** *Merci par avance* : Nous vous en remercions par avance – **4.** *Cordialement* : Veuillez recevoir, Madame, Monsieur, nos meilleures salutations.
b. *Proposition*

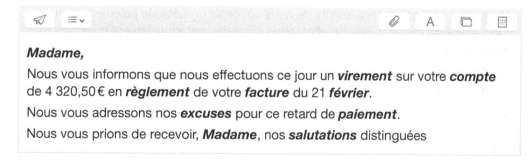

Madame,
Nous vous informons que nous effectuons ce jour un **virement** sur votre **compte** de 4 320,50 € en **règlement** de votre **facture** du 21 **février**.
Nous vous adressons nos **excuses** pour ce retard de **paiement**.
Nous vous prions de recevoir, **Madame**, nos **salutations** distinguées

→ **Point grammaire, page 68**

Suggestion

• Relever des termes du monde des affaires : *facturer une marchandise (porter une marchandise sur une facture)*, *trésorerie (ressources disponibles : compte en banque, caisse)*, *remise*, *délai de paiement*, *accorder (une réduction, un délai de paiement)*, *facture rectificative (modifiée)*, *sous huitaine (dans huit jours)*.

Corrigé

2-a – **3**-d – **4**-b.

Activité 3, page 69

Suggestions

• Les étudiants écoutent et répondent aux questions individuellement.
• Deux étudiants lisent le dialogue (à la fin de l'ouvrage), chacun jouant un rôle.
• On vérifie les réponses.

Corrigé

1. M. Dubreuil demande un délai de paiement pour une facture (en raison de ses problèmes de trésorerie (= d'argent) dus à la modernisation de son magasin). – **2.** Commande du 7 février. Facture 197 du 26 février d'un montant de 1 460 €. – **3.** L'employée d'Ixtel va transmettre la demande à Mme Simon, la responsable de la facturation.

Activité 4, page 69

Suggestions

• Les étudiants mettent dans l'ordre individuellement.
• Correction collective.
• Travail individuel : les étudiants rédigent le mail à la maison, en respectant l'ordre des paragraphes, tel qu'il est proposé.

Corrigé

1. Nous avons reçu ce jour… – **2.** Nous vous serions reconnaissants de… – **3.** En effet, nous connaissons actuellement… (*en effet* explicite ce qui vient d'être énoncé et doit donc être placé après la demande) – **4.** Nous restons dans l'attente de… – **5.** Cordialement

Proposition

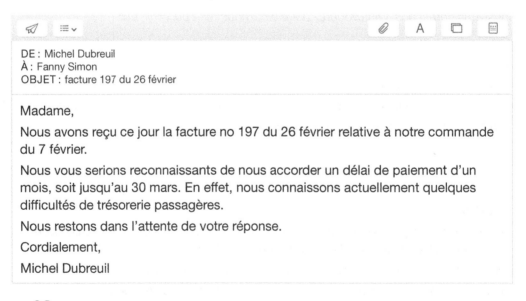

DE : Michel Dubreuil
À : Fanny Simon
OBJET : facture 197 du 26 février

Madame,
Nous avons reçu ce jour la facture no 197 du 26 février relative à notre commande du 7 février.

Nous vous serions reconnaissants de nous accorder un délai de paiement d'un mois, soit jusqu'au 30 mars. En effet, nous connaissons actuellement quelques difficultés de trésorerie passagères.

Nous restons dans l'attente de votre réponse.
Cordialement,
Michel Dubreuil

Activité 5, page 69

Suggestions

• Les étudiants font l'exercice individuellement.
• Correction collective.

unité 5

- On peut prolonger l'exercice en complétant le mail.

Corrigé

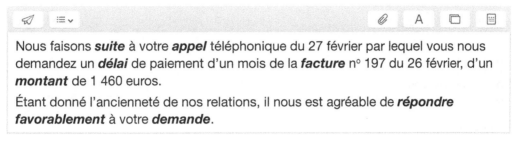

Nous faisons **suite** à votre **appel** téléphonique du 27 février par lequel vous nous demandez un **délai** de paiement d'un mois de la **facture** n° 197 du 26 février, d'un **montant** de 1 460 euros.

Étant donné l'ancienneté de nos relations, il nous est agréable de **répondre favorablement** à votre **demande**.

Et si nous terminions le mail :

> Nous comptons donc sur votre règlement le 30 mars.
> Nous espérons que cette solution vous donnera satisfaction.
> Cordialement
> Fanny Simon
> Responsable de la comptabilité

Activité 6, page 69

Suggestions

- Travail individuel : les étudiants écrivent le mail à la maison, à l'aide des tableaux des expressions, pages 114 et 115.
- Proposer un corrigé.

Corrigé

Proposition

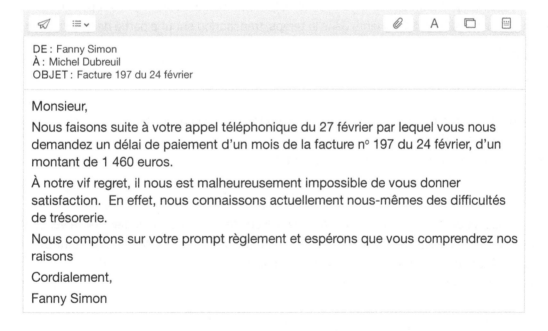

DE : Fanny Simon
À : Michel Dubreuil
OBJET : Facture 197 du 24 février

Monsieur,

Nous faisons suite à votre appel téléphonique du 27 février par lequel vous nous demandez un délai de paiement d'un mois de la facture n° 197 du 24 février, d'un montant de 1 460 euros.

À notre vif regret, il nous est malheureusement impossible de vous donner satisfaction. En effet, nous connaissons actuellement nous-mêmes des difficultés de trésorerie.

Nous comptons sur votre prompt règlement et espérons que vous comprendrez nos raisons

Cordialement,

Fanny Simon

Activité 7, page 69

Suggestions

- Travail individuel pour l'exercice a : les étudiants écrivent le mail à la maison, à l'aide des tableaux des pages 114 et 115.
- Proposer un corrigé.
- Réponse collective pour l'exercice b : le groupe s'entend sur une réponse commune.

Corrigé
Exercice a
Proposition

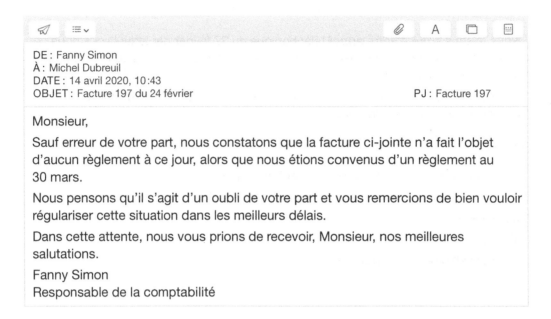

Exercice b
Proposition
Ixtel pourrait poursuivre monsieur Dubreuil en justice. Mais la somme demandée est modique et ne couvrirait même pas les honoraires de l'avocat. De plus, il y a un risque : le débiteur pourrait être déclaré en faillite et Ixtel ne recouvrerait pas sa créance (= ne serait pas payée). Mieux vaut donc négocier. Plusieurs solutions sont possibles : délai de paiement supplémentaire, fractionnement des paiements dans le temps, transaction sur une partie de la somme due, etc.

Activité 8, page 69

Suggestions
- Réponse collective à l'exercice a.
- Rappeler comment on écrit un titre (voir « Qu'est-ce qu'un bon titre ? » à la page 15).
- Les étudiants recherchent à deux à meilleur titre.
- Correction collective : le groupe s'entend sur le meilleur titre.

Corrigé
Proposition
a. Pour se protéger des mauvais payeurs, il faut vérifier la solvabilité du client au moment de la vente. Pour se protéger davantage, certains vendeurs insèrent dans le contrat de vente une clause résolutoire permettant d'annuler le contrat à défaut de paiement au terme et de redevenir propriétaire du bien (si l'état du bien le permet).
b. *Un titre* : Les entreprises victimes des mauvais payeurs.

5. Question d'assurance (pages 70 et 71)

Objectifs
- Découvrir les mots de l'assurance.
- Comprendre le mécanisme de l'assurance.
- Demander des informations à l'assureur (par écrit).
- Informer l'assureur, déclarer un sinistre.
- Répondre à une déclaration de sinistre.
→ Point grammaire : le but.

unité 5

Activité 1, page 70

Suggestions

- Les étudiants lisent la fiche « Ressources » et répondent collectivement.
- Développer certains points de la fiche « Ressources » (voir ci-dessous « Pour votre information »).

Corrigé

Proposition

1. *Risque et sinistre.* Le risque est un danger futur et éventuel. Le sinistre est un événement passé : c'est la réalisation du risque. *Ex.* : le vol est un risque si le vol n'a pas (encore) eu lieu et devient un sinistre un fois que le vol a eu lieu.
2. *Sinistre et dommage.* Le dommage est la conséquence du sinistre.
3. *Prime et indemnité.* Le souscripteur verse une prime à l'assureur (à la conclusion du contrat). L'assureur verse une indemnité au bénéficiaire (en réparation d'un dommage causé par le sinistre).
4. *Souscripteur et bénéficiaire.* Le souscripteur est celui qui souscrit (signe) le contrat d'assurances. Le bénéficiaire est celui qui reçoit l'indemnité en cas de sinistre. Souscripteur et bénéficiaire peuvent être et sont d'ailleurs souvent une seule et même personne. (Mentionnons également *l'assuré*, qui est celui dont les biens ou la personne sont exposés à un risque et qui peut également être le souscripteur et/ou le bénéficiaire).

Pour votre information

On peut distinguer deux grandes catégories d'assurances : les assurances de personnes et les assurances de dommage.

Assurances de personnes		Assurances de dommages	
Assurance-vie	Assurances individuelles pour les maladies et accidents corporels	Assurances de choses (ou de biens)	Assurances de responsabilités
• En cas de décès : si l'assuré meurt, un capital ou une rente est versé à la personne désignée par le contrat d'assurance. • En cas de vie : si l'assuré est encore en vie à une certaine date, l'assureur lui verse un capital ou une rente.	En France, la maladie est considérée comme un risque social, couvert par une administration publique (la Sécurité sociale).	En cas de destruction, de dégradation ou de disparition matérielle des biens assurés, l'assureur verse une indemnité.	Si l'assuré est responsable du dommage (matériel ou corporel) qu'il a causé à une autre personne, son assureur indemnise la victime.

Activité 2, page 70

Suggestions

- Les étudiants font l'exercice individuellement.
- Correction collective.

Corrigé

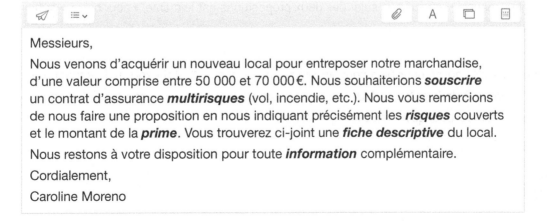

Messieurs,

Nous venons d'acquérir un nouveau local pour entreposer notre marchandise, d'une valeur comprise entre 50 000 et 70 000 €. Nous souhaiterions **souscrire** un contrat d'assurance **multirisques** (vol, incendie, etc.). Nous vous remercions de nous faire une proposition en nous indiquant précisément les **risques** couverts et le montant de la **prime**. Vous trouverez ci-joint une **fiche descriptive** du local.

Nous restons à votre disposition pour toute **information** complémentaire.

Cordialement,

Caroline Moreno

Activité 3, page 70

Suggestions
- Lecture du mail.
- Réponse et correction collectives.

Corrigé

1. Ce mail n'est pas une déclaration de sinistre [il n'y a pas (encore) de sinistre]. Caroline Moreno informe l'assureur que la situation, telle qu'elle existait au moment de la conclusion du contrat d'assurance, a changé : une station-service s'est installée à côté de l'entrepôt. En cas d'aggravation du risque, l'assuré a l'obligation de déclarer l'aggravation

2. Conséquence de l'aggravation du risque : l'assureur est en droit soit de résilier (rompre) le contrat, soit de poursuivre le contrat en proposant une surprime (une augmentation de la prime).

Activité 4, page 70

Suggestions
- Travail individuel : les étudiants rédigent le mail à la maison.
- Proposer le corrigé ci-dessous.

Corrigé

Proposition

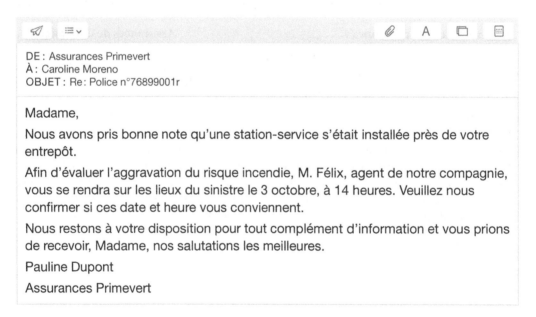

→ Point grammaire, page 70

Suggestion
- Rappeler la règle : « pour » + *infinitif* si le sujet des deux propositions est le même, « pour que » + *subjonctif* si les sujets sont différents.

Corrigé

2. J'ai lu attentivement la police pour bien connaître mes obligations. – **3.** J'ai expliqué la situation pour que l'assureur puisse calculer le montant de la prime. – **4.** Je me suis assuré pour que nous soyons garantis contre le risque incendie. **5.** J'attends l'expert demain pour qu'il évalue les dommages.

Activité 5, page 71

Suggestions
- Faire lire le mail.

unité 5

- Réponse et correction collectives. Noter que, dans ce mail, le mot police est employé deux fois dans des sens différents (voir ci-dessous « Pour votre information »).

Corrigé

1. *Quel est l'objet du mail ? Que s'est-il passé ? L'assureur avait-il déjà été informé du sinistre ?* Ce mail est une déclaration de sinistre. Mathieu Gaillard a été victime d'un vol à son domicile : sa porte a été fracturée et son ordinateur a disparu. Oui, l'assureur avait déjà été informé du sinistre. Ce mail est une confirmation de la déclaration de sinistre que M. Gaillard a faite au téléphone (« Je fais suite à notre entretien téléphonique de ce jour », dit le mail).

2. *Que demande M. Gaillard ? Au total, quelle indemnité pourrait lui verser l'assureur ?* M. Gaillard demande le règlement du sinistre (vol de l'ordinateur et fracturation de la porte). Il peut prétendre à une indemnité couvrant le prix de l'ordinateur (850 €) et la réparation de la porte (95 €), soit au total 945 €.

3. *Quels documents sont joints à ce mail ? Quel document manque-t-il ?* Sont joints au mail une copie de la déclaration de vol et une copie de la facture. Il manque la facture correspondant à la réparation de la porte.

4. Le mail est une preuve suffisante de la déclaration de sinistre, d'autant que M. Gaillard prend la précaution de demander à son correspondant de lui en accuser réception.

> ### Pour votre information
> Les mots « police » et « régler » ont plusieurs sens :
> – La *police* peut désigner les forces du maintien de l'ordre (comprenant les policiers) ou l'écrit du contrat d'assurance.
> – Le verbe *régler* veut dire *payer* (ex. : régler une facture ou une indemnité) ou *résoudre* (régler un problème ou une affaire). Dans le mail de Mathieu Gaillard, le « règlement du sinistre » se réfère à l'action de résoudre, non pas à celle de payer.

Activité 6, page 71

Suggestion

- Travail individuel : les étudiants rédigent le mail à la maison.
- Correction personnalisée.
- Proposer un corrigé.

Corrigé

Proposition

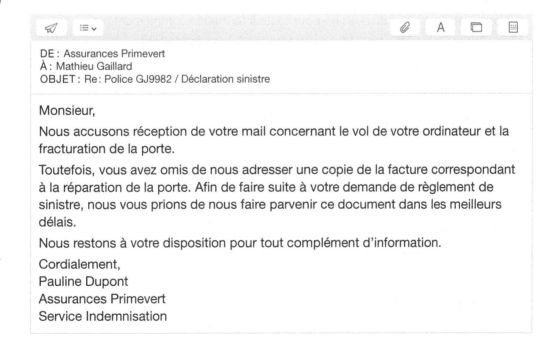

Activité 7, page 71

Suggestions

- Faire lire l'article.
- Réponse et correction collectives. Les étudiants imaginent les causes possibles du sinistre. Toutes les hypothèses sont les bienvenues.

Corrigé

Proposition:

1. *Cause présumée du sinistre*: d'après la responsable de l'entrepôt, c'est l'appareil de chauffage. *Autres causes possibles*: court-circuit dans un ordinateur, mégot de cigarette, acte criminel (un salarié licencié met le feu pour se venger, Caroline Moreno met le feu pour que l'entreprise reçoive une indemnité de la compagnie d'assurances), etc.

2. JCK est le fabricant de l'appareil de chauffage. Travodur est l'installateur et le réparateur. *Qui peut être responsable*? L'article met en cause Travodur.

Activité 8, page 71

Suggestion

- Travail individuel: les étudiants rédigent le mail à la maison.

Corrigé

Proposition

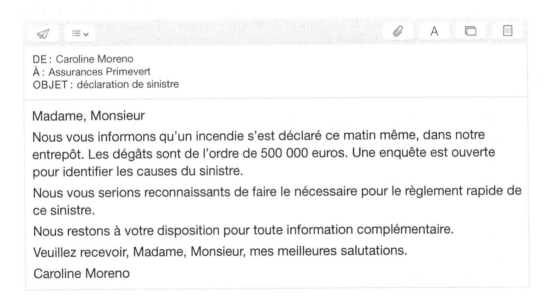

Bilan de compétences (pages 72 à 75)

A. Lire (pages 72 et 73)

Activité 1, page 72

Suggestions

- Les étudiants font d'abord l'exercice à deux.
- Correction collective. (Voir « Comment lire », page 22.)

Corrigé

Mail 1 (Objet: Carte Visa). Supprimer « *J'attends vos instructions concernant cette marchandise.* » Cette phrase peut être utilisée dans le mail 3, après le troisième paragraphe: « ... je ne peux pas conserver le lot que vous m'avez envoyé. *J'attends vos instructions...* ».

unité 5

Mail 2 (Objet : traduction contrat). Supprimer «*Je ne peux pas me passer plus longtemps de ce moyen de paiement.*» La facture n'est pas un moyen de paiement. Cette phrase peut être utilisée dans le mail 1, de préférence à la fin du deuxième paragraphe : «... ma carte n'est toujours pas disponible. *Je ne peux pas me passer...*».

Mail 3 (Objet : votre livraison de ce jour). Supprimer «*Ce document était accompagné d'une facture d'un montant de 355 euros.*» Cette phrase peut être utilisée dans le mail 2, à la fin du premier paragraphe : «Comme convenu, je vous ai envoyé cette traduction le 10 avril. *Ce document était accompagné...*».

Activité 2, page 73

Suggestions
- Travail à deux.
- Correction collective. Noter que :
– cette page contient une carte d'invitation, deux e-mails, une carte de visite.
– le premier e-mail (adressé à la Maison des conférences) est moins formel que le deuxième. Relever les expressions exprimant une demande : *nous souhaiterions, merci de, je vous serais reconnaissant de, vous voudrez bien*.

Corrigé
1. Saint Fior est une entreprise de prêt-à-porter (vêtements fabriqués en série et vendus en tant que produits finis, par opposition au sur-mesure).
2. Saint Fior est un client de la Maison des conférences.
3. Saint Fior un fournisseur de Guillaume Martin, non pas un client.
4. Le 24 février aura lieu la présentation de la nouvelle collection de Saint Fior : défilé suivi d'un cocktail.
5. À l'exception des vœux de Jean-Charles Delamare, les trois autres courriers nécessitent une réponse : dans la carte d'invitation, «RSVP» veut dire «Répondre s'il vous plaît», les auteurs des deux mails demandent une information.

B. 🎧 Écouter (page 74)

Activités 1 et 2, page 74

Suggestion
- Lecture collective des consignes. Avant d'écouter, et pour chaque exercice, la situation et les consignes doivent être parfaitement claires pour tous. (Voir «Comment écouter», page 22.)

Corrigé
Activité 1
1. Mme A. demande une information. – 2. M. B. réserve une place d'avion. – 3. Mme C. veut passer une commande de 80 boîtes. – 4. M. D. modifie une commande. – 5. On répond à Mme E. que le réparateur est indisponible pour l'instant. – 6. La marchandise est incomplète. – 7. La réclamation de Mme G. porte sur un retard de livraison. – 8. La réclamation de M. H. porte sur un problème de livraison. – 9. Mme I. veut payer moins cher. – 10. Les articles sont incomplets.

Activité 2
1. Mme A voudrait savoir si le fournisseur accorde des réductions **quand la commande est importante**. – 2. De préférence, M. B souhaiterait partir vers **17 heures, entre 16 et 18 heures**. – 3. Les boîtes que Mme C commande sont référencées **BC60**. – 4. M. D va confirmer sa commande **par écrit**. – 5. Mme E n'a pas de chance : aujourd'hui le technicien **est malade**. – 6. M. F pense que les articles **ont été volés**. – 7. Mme G menace de **s'adresser à un autre fournisseur**. – 8. M. H a fait des réserves sur *le bon de réception*. – 9. Mme I souhaiterait bénéficier d'une remise de **15 %**. – 10. M. J a vérifié toutes les boîtes : il manque le **mode d'emploi**.

C.  Écrire (page 75)

Corrigé

Proposition

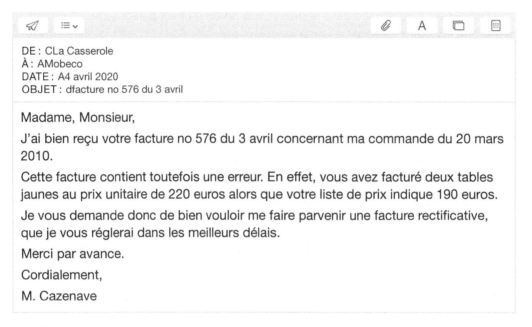

DE : CLa Casserole
À : AMobeco
DATE : A4 avril 2020
OBJET : dfacture no 576 du 3 avril

Madame, Monsieur,

J'ai bien reçu votre facture no 576 du 3 avril concernant ma commande du 20 mars 2010.

Cette facture contient toutefois une erreur. En effet, vous avez facturé deux tables jaunes au prix unitaire de 220 euros alors que votre liste de prix indique 190 euros.

Je vous demande donc de bien vouloir me faire parvenir une facture rectificative, que je vous réglerai dans les meilleurs délais.

Merci par avance.

Cordialement,

M. Cazenave

D. Parler (page 75)

 Jouez à deux

Suggestions

- Les joueurs communiquent librement, dans le cadre de la situation. Si besoin, le professeur apporte des éclaircissements sur la situation, mais se garde d'intervenir directement dans la conversation. (Voir « Comment jouer à deux », page 12)
- Chaque groupe rend compte brièvement du résultat de l'entretien.

unité 6 Résultats et tendances

1. Secteurs d'activité (pages 76 et 77)

Objectifs
- Définir un secteur d'activité.
- Analyser la répartition de l'emploi par grands secteurs ainsi que l'évolution de cette répartition.
- Analyser le chiffre d'affaires d'une entreprise ainsi que son évolution par secteur.
- Rédiger un rapport.
- → Point grammaire : le discours rapporté (au passé) : la concordance des temps.

Activité 1, page 76

Suggestions
- Les étudiants font l'exercice individuellement.
- Correction collective. Développer certains points (voir ci-dessous « Pour votre information »). Les étudiants peuvent s'interroger sur la répartition de l'emploi par secteurs dans leur propre pays

Corrigé

Le secteur **primaire** est donc resté prépondérant. Dans ces pays, la part du secteur **tertiaire** se maintient à un niveau élevé. Quant au secteur **secondaire**, il occupe peu de travailleurs.

> **Pour votre information**
>
> **Secteur tertiaire marchand et non marchand**
> - Le secteur tertiaire marchand est composé d'entreprises privées qui vendent leurs services au prix du marché (fixé selon l'offre et la demande).
> - Le secteur tertiaire non marchand est constitué des administrations publiques qui rendent des services gratuits ou à un prix administré (fixé par l'administration).
>
> **Évolution de la répartition de la population active en France**
>
> | | Agriculture | Industrie et construction | Services aux entreprises | Services aux ménages | Administrations publiques |
> |------|-------------|---------------------------|--------------------------|----------------------|---------------------------|
> | 1945 | 29 % | 28 % | 4 % | 26 % | 13 % |
> | 2017 | 3 % | 15 % | 18 % | 42 % | 21 % |
>
> **Emploi par grand secteur en 2017 dans quelques pays de l'UE**
>
> | | Agriculture | Industrie et construction | Tertiaire |
> |----------|-------------|---------------------------|-----------|
> | Allemagne | 1,5 % | 24,5 % | 74 % |
> | Suède | 2,4 % | 20,6 % | 77 % |
> | Pologne | 11,5 % | 30,6 % | 58,3 % |
> | Roumanie | 29,3 % | 28,5 % | 42,2 % |

→ Point grammaire, page 76

Suggestions
- Exercice individuel.
- Correction collective.

Corrigé

Inès Buisson a expliqué que, dans les pays riches, la part du secteur primaire **avait chuté** et que le secteur tertiaire **s'était** développé de manière considérable. Elle a précisé que, dans les pays pauvres, l'agriculture **constituait** encore le principal moyen de subsistance et que le secteur primaire était resté prépondérant. Elle a ajouté que la part du secteur tertiaire **se maintenait** à un niveau élevé et que le secteur secondaire **occupait** peu de travailleurs.

Activité 2, page 77

Suggestions
- Les étudiants travaillent à deux et *rédigent* une réponse commune.
- Correction collective.

Corrigé
Proposition

Conséquence : Les économies développées perdent des emplois dans l'industrie.

> **Pour votre information**
>
> **L'emploi suit nos besoins**
>
> On explique la diminution de la part de l'industrie dans l'activité totale par les délocalisations, soit le transfert de la production industrielle des pays riches vers les pays émergents. Mais cela n'est qu'un épiphénomène. En fait, c'est partout dans le monde que les emplois industriels diminuent. Et partout que la productivité dans l'industrie augmente, bien plus vite que la demande de produits industriels. La vérité, c'est que nous avons plus besoin de services que de biens industriels. Nous avons surtout besoin d'éducation, de formation, de soins de santé. L'industrie suit inexorablement la route de l'agriculture, qui occupait les deux tiers de la population il y a 150 ans et qui en occupe moins de 5% aujourd'hui, tout en produisant beaucoup plus.
>
> D'après un article d'Alexandre Delaigue, in blog.francetvinfo.fr

Activité 3, page 77

Suggestions
- Les étudiants écoutent, puis font l'exercice individuellement.
- Deux étudiants lisent le dialogue (à la fin de l'ouvrage, page 136), chacun jouant un rôle.
- Les étudiants vérifient leurs réponses avec leur voisin de classe. Par groupes de deux, ils se mettent d'accord sur des réponses communes. Passer dans chaque groupe et indiquer le nombre de réponses justes. Chaque groupe continue à réfléchir jusqu'à ce que toutes ses réponses soient justes.
- Correction collective.

Corrigé
Les trois affirmations sont fausses.
1. *Cette année, le bénéfice de Sicard a augmenté de 10 %* : FAUX. C'est le chiffre d'affaires qui a augmenté de 10 %, non le bénéfice.
2. *Caroline dit que les ventes de Binette sont six fois plus élevées que celles de Sicard* : FAUX. Caroline dit que les ventes de Binette ont augmenté de 60 %, elle ne dit pas ce que ces ventes représentent par rapport à celles de Sicard.
3. *Jean-Paul devra réorganiser le service des ventes* : FAUX. Jean-Paul est sur le point d'être licencié.

Activité 4, page 77

Suggestions
- Les étudiants répondent à deux.
- Correction collective.

Corrigé
– *Petits commerces* : 4,8 %
– *Grandes surfaces spécialisées* : 70,2 %
– *Supermarchés et hypermarchés* : 25 %

Le texte indique explicitement la part de marché des petits commerces (4,8 %) et des grandes surfaces spécialisées (70,2 %). On connaît la part de marché des supermarchés et hypermarchés par déduction : 100 − (4,8 + 70,2) = 25.

unité 6

Activité 5, page 77

Suggestions

• Travail individuel.
• Correction collective.

Corrigé

Proposition

Sicard vend 58 % de sa production aux petits commerces, alors que ces petits commerçants ne représentent que 4,8 % du marché du bricolage. En revanche, elle ne vend que 6 % de sa production aux grandes surfaces spécialisées, bien que ces grandes surfaces spécialisées occupent 70,2 % du marché. Afin de dépendre moins des petits commerces, l'entreprise doit orienter l'essentiel de ses ventes vers les grandes surfaces spécialisées.

Activité 6, page 77

Suggestions

• Travail individuel : à faire à la maison. Les étudiants n'oublieront pas d'insérer des intertitres dans leur compte rendu. Rappeler que ces intertitres doivent apporter une information (voir « Qu'est-ce qu'un bon titre ? », page 15 de ce guide).
• Correction individualisée.
• Proposer un corrigé.

Corrigé

Proposition

Paris, le 26 février 2020

Rapport sur l'évolution des ventes

Madame la Directrice,

À la suite de votre demande du 8 février, je vous présente mes observations sur l'évolution des ventes de Sicard.

1. Les résultats ne sont pas à la hauteur de ceux de la concurrence.
Cette année, le chiffre d'affaires de Sicard a augmenté de 10 %. Ce résultat peut être considéré comme médiocre si on le compare à celui de notre principal concurrent. Le chiffre d'affaires de Binette a en effet progressé de 60 %.

2. Sicard ne vend pas assez aux grandes surfaces spécialisées.
La faible progression relative de nos ventes peut facilement s'expliquer en comparant la répartition du chiffre d'affaires de Sicard avec la part de marché respective des différents types de distributeurs.

Modes de distribution	Sicard	Secteur du bricolage
Petits commerces	58 %	4,8 %
Grandes surfaces spécialisées	6 %	70,2 %
Grandes surfaces généralistes	36 %	25 %

Comme l'indique ce tableau, Sicard n'a pas accompagné les bouleversements intervenus ces dernières années dans les circuits de distribution. Nous continuons à dépendre essentiellement du petit commerce alors que les grandes surfaces spécialisées occupent aujourd'hui la plus grande part du marché.

3. Deux propositions
Le marché du bricolage se porte bien : cette année encore, il a progressé de 8 %. Pour que Sicard profite de la bonne santé du secteur, je propose :
– de concentrer nos efforts sur les ventes aux grandes surfaces spécialisées ;
– de réorganiser le service des ventes, en engageant des vendeurs dynamiques.
Je reste à votre disposition, Madame la Directrice, pour tout complément d'information.

Pierre Dupont

2. Entreprise en chiffres (pages 78 et 79)

Objectifs
- Examiner les facteurs de production (travail et capital).
- Présenter des résultats chiffrés de l'entreprise et des cours boursiers.
- Manier les chiffres.
- Parler des placements en bourse.
→ Point grammaire : les adverbes de quantité.

Activité 1, page 78

Suggestions
- Les étudiants lisent la fiche « Ressources » et font l'exercice individuellement. Ils s'entendent ensuite à deux sur des réponses communes.
- Correction collective.

Corrigé
1. *Il y a deux sortes de biens de production : le travail et le capital* : FAUX. Le travail et le capital sont des facteurs (moyens) – et non des biens – de production.
2. *Un produit alimentaire peut être un bien de production* : VRAI. C'est le cas, par exemple, du lait que l'entreprise Danone utilise pour fabriquer ses yaourts. On parle alors de consommations intermédiaires. Par opposition aux biens de production, qui servent à produire d'autres biens ou services, les yaourts que nous achetons pour les consommer sont des biens de consommation.
3. *On dit qu'une entreprise investit quand elle achète un bien d'équipement* : VRAI.
4. *Une entreprise textile qui achète du coton réalise un investissement* : FAUX. Pour cette entreprise, le coton est une consommation intermédiaire. Une entreprise investit quand elle achète un bien d'équipement, c'est-à-dire un bien de production durable. D'un point de vue comptable, un bien durable est un bien matériel qui peut être utilisé pendant au moins un an.
5. *Le montant de la rémunération d'un salarié peut dépendre des bénéfices de l'entreprise* : VRAI. Le montant de l'intéressement dépend du bénéfice réalisé par l'entreprise.
6. *Une matière première est un produit de base, non élaboré, résultant d'opérations d'extraction, de récolte, etc.* : VRAI.
7. *Le pétrole et le gaz naturel sont des matières premières agricoles* : FAUX. Pétrole et gaz sont des matières première énergétiques.
8. *Le maïs et le riz sont des matières premières énergétiques* : FAUX. Le maïs et le riz sont des matières premières agricoles.

Activité 2, page 78

Suggestions
- Relever dans la déclaration de Jessica Pruneau les termes permettant de présenter des résultats (*multiplié par deux, ont triplé, représentaient, etc.*). En proposer d'autres (voir ci-dessous « Pour votre information »).
- Les étudiants font l'exercice individuellement. Ils écrivent des phrases complètes.
- Correction collective.

Corrigé
Proposition

2. *La part à l'exportation* : Aujourd'hui, les exportations représentent 50 % du chiffre d'affaires alors qu'elles n'en représentaient qu'environ 5 % il y a cinq ans. La part à l'exportation a donc été multipliée par dix.
3. *Les investissements* : L'entreprise consacre 10 % de son chiffre d'affaires à l'investissement.
4. *Le nombre de salariés* : Depuis cinq ans, les effectifs ont doublé.
5. *Leur rémunération* : Depuis cette année, tous les salariés, sans exception, reçoivent un intéressement.
6. *Le bénéfice* : En constante progression, il a encore augmenté de 15 % par rapport à l'année dernière.

unité 6

Pour votre information

Comment exprimer des résultats

- **Exprimer une évaluation**
- Notre chiffre d'affaires *s*'élève à/est de/*atteint* 45 millions d'euros.
- Nous *avons réalisé* un bénéfice de 600 000 €.
- **Exprimer une fraction** (c'est-à-dire la partie d'une totalité)
- Le produit *représente* la moitié/le tiers/le quart/le cinquième du chiffre d'affaires.
- Cette entreprise *détient* 30 % du marché.

- **Exprimer une évolution**
- La société *connaît une croissance* rapide.
- *Par rapport au semestre précédent*, les ventes *sont restées stables*.
- Elles *ont baissé/diminué/chuté* de 7 %.
- Elles *ont augmenté/progressé* de 12 %.
- Elles *sont en baisse/en (petit/forte) hausse*.
- Elles *sont passées de* 6 à 9 millions d'euros.
- La baisse du prix a entraîné *une augmentation/diminution* des ventes.

→ Point grammaire, page 78

Corrigé
1. b – **2.** d – **3.** a – **4.** e – **5.** c

Activité 3, page 79

Suggestions
- Un étudiant lit la consigne (notamment les chiffres) à haute voix.
- Travail individuel.
- Correction collective. Travailler les chiffres. Par exemple, lire des chiffres à haute voix, les étudiants prennent note, puis lisent les chiffres à leur tour (à haute voix). Choisir de grands chiffres : 1 012, 79 519, 892 183, 15 263 572, 2 591 141 642, etc.

Corrigé
1. Brioches : 1 198 000 €. – **2.** Chaussons aux pommes : 88 950 €. – **3.** Croissants : 552 000 €. – **4.** Pains au chocolat : 361 050 €.

Pour votre information

Le graphique indiquant le chiffre d'affaires par produit (brioches, croissants, pains au chocolat) est un graphique dit « circulaire », plus couramment appelé un « camembert ». Ce camembert montre la taille de chaque fraction d'un total. Des mots comme *représente x %*, *détient x %* expriment presque toujours la partie d'une totalité. (Voir ci-dessus « Pour votre information : Comment exprimer des résultats ».)

Activité 4, page 79

Suggestions
- Travail individuel
- Correction collective.

Corrigé
Au début de l'année, l'action s'échangeait au cours de 10 euros. Brusquement le cours **a chuté** de 30 %, mais il **a augmenté** rapidement pour revenir à 10 euros. Il **est resté** stable pendant trois mois, puis il **a baissé** légèrement.

Pour votre information

Le graphique indiquant le cours de l'action Délices du Roi traduit une évolution. On ne s'intéresse pas à la taille de chacune des parties d'un tout, mais à la variation dans le temps. Les marques de l'évolution sont des mots tels que *en hausse, en baisse, croissance, augmentation, diminution, stable*, etc. (Voir ci-dessus « Pour votre information : Comment exprimer des résultats ».)

Jouez à deux, page 79

Suggestions
• Le professeur ne doit pas trop intervenir dans le jeu. Il veille simplement à ce que les consignes restent confidentielles. En particulier, la personne A ne doit pas voir le graphique que B lui décrit. (Voir « Comment jouer à deux », page 12.)

Corrigé
Personne B

[...] début janvier à **40** euros à la fin du mois. [...] un plus bas historique de **10** euros fin février. [...] À la fin mars, l'action s'échangeait à **17,5** euros. [...] Fin avril, l'action valait toujours **17,5** euros.

Activité 5, page 79

Suggestions
• Les étudiants s'entendent à deux sur des réponses communes.
• Correction collective.

Corrigé
Proposition

1. *Avant d'acheter des actions, achète une maison* : D'ACCORD. Par mesure de prudence. Les actions sont un investissement risqué, certains y ont laissé leur fortune. Mieux vaut d'abord pourvoir à l'essentiel, à commencer par se trouver un toit.
2. *Quand les cadres achètent les actions de leur propre société, c'est bon signe, achètes-en aussi* : plutôt D'ACCORD. En principe, les cadres connaissent leur entreprise de l'intérieur et peuvent en apprécier la valeur.
3. *Investis dans des sociétés simples, ennuyeuses, démodées, qui n'intéressent pas les investisseurs* : plutôt D'ACCORD, à condition de bien étudier la situation. Ces sociétés sont souvent sous-évaluées.
4. *Tu peux faire confiance aux professionnels de la Bourse* : PAS D'ACCORD. Les professionnels se trompent aussi, voire souvent. La Bourse est un pari sur l'avenir, et les professionnels ne sont pas des devins.

3. Comptes de l'exercice (pages 80 et 81)

Objectifs
• Découvrir les mots de la comptabilité.
• Distinguer un compte de résultat et un bilan d'entreprise.
• Examiner et compléter un bilan.
• Présenter et analyser des résultats chiffrés.
• Lire et rédiger le compte-rendu d'un exercice comptable.
→ Point grammaire : la concession.

Activité 1, page 80

Suggestions
• Lire la fiche « Ressources ». S'assurer que la distinction entre compte de résultat et bilan est bien claire pour tout le monde (voir ci-dessous « Pour votre information »).
• Exercice individuel.
• Correction collective.

Corrigé
2. *Salaires versés* : Compte de résultat – **3.** *Stocks de produits finis* : Bilan – **4.** *Compte en banque* : Bilan – **5.** *Valeur des machines de l'atelier* : Bilan – **6.** *Dettes de l'entreprise* : Bilan – **7.** *Ventes de l'année* : Compte de résultat.

unité 6

> **Pour votre information**
>
> Compte de résultat et bilan : un film et une photographie
> - Le compte de résultat est pareil à un film : il enregistre tous les mouvements (dépenses et recettes) de l'année.
> - Le bilan est une photographie : il décrit la situation patrimoniale de l'entreprise à un instant t.

Activité 2, page 80

Suggestions

- Les étudiants font l'exercice à deux.
- Correction collective. Développer certains points de la fiche « Ressources » (voir ci-dessous « Pour votre information »).

Corrigé

1. *Le bilan permet de calculer le bénéfice* : FAUX. C'est le compte de résultat qui permet de calculer le bénéfice de l'exercice, pas le bilan.
2. *Les biens qui sont utilisés pour une longue période font partie de l'actif circulant* : FAUX. Ils font partie de l'actif immobilisé.
3. *Les matières premières (ex. : le cacao) apparaissent au passif* : FAUX. Elles apparaissent à l'actif, dans les stocks.
4. *Un dépôt en espèces sur un compte bancaire augmente l'actif* : VRAI. C'est une ressource.
5. *L'achat à crédit d'une machine augmente l'actif et les dettes de l'entreprise* : VRAI. L'actif augmente car l'entreprise possède une machine supplémentaire. Les dettes augmentent car l'entreprise a acheté à crédit.
6. *Le passif indique d'où viennent les capitaux de l'entreprise* : VRAI.
7. *L'actif indique comment l'entreprise a utilisé ces capitaux* : VRAI.

> **Pour votre information**
>
> **L'actif**
>
> On distingue deux grandes catégories d'actifs :
>
> – Certains actifs, comme par exemple le terrain sur lequel on construit une usine, constituent pour l'entreprise un emploi durable qu'il est difficile de transformer rapidement en un autre emploi : on dit qu'ils sont « immobilisés » dans l'entreprise, ou encore « fixes ».
>
> – D'autres actifs, comme par exemple les stocks de produits, sont plus transitoires, plus faciles à transformer : on parle d'actif « circulants ».
>
> **Le passif**
>
> On peut distinguer deux grandes catégories :
>
> – Les capitaux propres, qui regroupent l'ensemble des ressources non empruntées et dont l'entreprise peut disposer en permanence. En quelque sorte, ils appartiennent à la société. Certes, d'une certaine façon, les capitaux propres sont des dettes de la société envers les associés ou actionnaires qui ont apporté le capital ; mais il s'agit de dettes non exigibles : les propriétaires du capital ne peuvent pas exiger le remboursement de leurs capitaux, sauf dans le cas de faillite et de liquidation des biens de l'entreprise, et après que les autres créanciers de l'entreprise ont été remboursés.
>
> – Les ressources empruntées à l'extérieur ou « dettes » au sens strict.

Activité 3, page 80

Suggestions

- Travail individuel.
- Correction collective après chaque exercice.

Corrigé

Actif		Passif	
• **Actif immobilisé**		• **Capitaux propres**	
– Terrain	118	– Capital	300
– Bâtiment	382	– Réserves	280
– Matériel	287		
• **Actif circulant**		• **Dettes**	
– Stocks	95	– Banque	275
– Créances	36	– Fisc	42
– Liquidités	82	– Fournisseurs	103
Total	**1 000**	Total	**1 000**

Activité 4, page 81

Suggestions
- Travail individuel : à préparer à la maison.
- En classe, les étudiants confrontent d'abord leurs réponses à deux.
- Correction collective.

Corrigé
a. En hausse ou en baisse ?
1. *Ventes de Pirex* : EN HAUSSE. Le ralentissement de la consommation n'a nullement affecté le volume d'activité, qui a augmenté par rapport à l'exercice 2021. Le graphique indique que le chiffre d'affaires est passé de 309 M€ en 2021 à 327 M€ en 2022.
2. *Stocks* : EN BAISSE. Le volume de stocks est en diminution.
3. *Endettement* : EN BAISSE. L'endettement a été réduit de 35 % au cours des trois dernières années.
4. *Bénéfice d'exploitation* : EN BAISSE. Il est passé de 17,8 € à 17,5 €.
5. *Charges d'exploitation* : EN HAUSSE. Ont crû les charges publicitaires, le prix des matières premières et les coûts salariaux, qui tous constituent des charges d'exploitation.

b. Vrai ? Faux ? Ou Non Précisé ?
1. *Pirex vend à plus de 50 % en Europe* : VRAI. D'après le graphique (camembert), Pirex vend plus de la moitié de sa production en France.
2. *Les produits sont tous fabriqués en Europe* : FAUX. Il y a au moins une implantation industrielle au Mexique.
3. *Pirex poursuivra son désendettement en 2023* : ON NE PEUT PAS SAVOIR. La réduction de l'endettement au cours des trois dernières années ne signifie pas qu'il continuera à se réduire.

Activité 5, page 81

Suggestions

Exercice a
- Exercice à faire et à corriger collectivement. Apporter les termes permettant de former des phrases complètes (voir page 99 de ce guide « Pour votre information : comment exprimer des résultats »). Cet exercice prépare l'activité b.

Exercice b
- Les étudiants écoutent et prennent des notes.
- Correction collective.
- Compte rendu : à faire à la maison. Demander d'insérer des intertitres informatifs dans le corps du compte-rendu (voir « Qu'est-ce qu'un bon titre ? » à la page 15 de ce guide). Pour l'exemple, donner la solution pour le premier intertitre (voir ci-dessous la proposition de corrigé de l'exercice b).
- Proposer ce corrigé.

unité 6

Corrigé

Exercice a

Proposition

L'activité est en forte croissance. Le chiffre d'affaires dans le monde s'élève à 1,42 milliards d'euros, soit une hausse de 9,3 % par rapport à l'exercice précédent. Le bénéfice s'élève à 201 millions d'euros, soit une hausse de 15 %. En un an, les effectifs sont passés de 7 500 à 9 000 collaborateurs. Les objectifs ont été atteints partout : en Europe, aux États-Unis et en Asie. Pour l'année prochaine, on vise/prévoit une augmentation du chiffre d'affaires. La société compte doubler son chiffre d'affaires en Chine d'ici à cinq ans.

Exercice b

Proposition

Assemblée générale du 3 mars 2020

Compte rendu de la déclaration
de Carlos DELAMARE, P-DG de la société Deka

Un chiffre d'affaires en hausse

Pour la dixième année consécutive, Deka connaît cette année encore une forte croissance. Le chiffre d'affaires mondial s'élève à 1,42 milliard d'euros, soit une hausse de 9,3 % par rapport à l'exercice précédent.

Un bénéfice en hausse

De même le bénéfice est en hausse de près de 15 %. Il atteint 201 millions d'euros.

Des effectifs en hausse

Le nombre de collaborateurs est passé de 7 500 à 9 000 personnes.

Des objectifs atteints

Les objectifs ont été largement atteints, aussi bien sur le marché européen que sur les marchés de croissance aux États-Unis et en Asie.

Des prévisions optimistes

Pour l'exercice prochain, il est prévu une croissance du chiffre d'affaires de 5 à 7 %. Pour les cinq années à venir, Deka se concentrera principalement sur la croissance en Asie et notamment en Chine, où il est prévu de doubler le chiffre d'affaires en cinq ans.

→ **Point grammaire, page 81**

1. *Malgré* la crise, il continue à gagner de l'argent. – **2.** Elle réussira, *même si* c'est difficile. – **3.** Il travaille comme comptable, *bien qu*'il ne sache pas compter. – **4.** Il ne comprendra pas, à moins que vous ne lui expliquiez. – **5.** Cette entreprise *a beau* être leader dans son secteur, elle perd de l'argent *quand même*. – **6.** J'ai beau vérifier les comptes, il *n'empêche qu*'il reste toujours des erreurs.

4. Indicateurs économiques (pages 82 et 83)

Objectifs

• Présenter et analyser les principaux agrégats socio-économiques d'un pays : nombre d'habitants, PIB, taux de natalité, etc.

- Identifier les principaux problèmes socio-économiques. Proposer des solutions.
- Comparer différents niveaux de développement (dans l'espace et dans le temps).
→ Point grammaire : l'opposition.

Activité 1, page 82

Suggestions
- Les étudiants lisent la fiche « Ressources » et font l'exercices individuellement. Ils s'entendent ensuite à deux des réponses communes.
- Correction collective.

Corrigé

1. *Le PIB d'un pays est égal à la valeur des entreprises situées dans ce pays* : FAUX. Le PIB est égal à la richesse créée par ces entreprises au cours d'une année (= la valeur ajoutée) et non à la valeur de ces entreprises.
2. *La croissance démographique correspond à une augmentation du PIB* : FAUX. C'est la croissance économique qui exprime une augmentation du PIB. Non pas la croissance démographique qui, quant à elle, correspond à une augmentation de la population (voir ci-dessous « Pour votre information »).
3. *Si les revenus augmentent plus vite que les prix, le pouvoir d'achat augmente* : VRAI. Pour déterminer le pouvoir d'achat, il faut savoir ce qui va le plus vite : les revenus ou les prix.
4. *Le PIB par habitant de la Suisse est plus élevé que celui de la Chine* : VRAI. (Voir ci-dessous « Pour votre information ».) Mais bien sûr le PIB (total) de la Suisse est moins élevé que celui de la Chine, car plus d'un milliard de Chinois créent plus de richesses que sept millions de Suisses.
5. *Le taux de fécondité est le rapport entre le nombre de naissances en une année et la population totale* : FAUX. C'est le taux de natalité qui répond à cette définition et qui s'exprime généralement en « pour mille » (‰) : par exemple, le taux de natalité est de 9 ‰ en Allemagne (soit 9 naissances pour mille habitants en un an), de 13 ‰ en France, de 50 ‰, au Niger. Le taux de fécondité, quant à lui, est le nombre moyen d'enfants par femme en âge de procréer. Il est de 1,5 enfant par femme en Allemagne, de 2,1 en France, de 6,8 au Niger. Selon les démographes, le seuil de renouvellement (ou de remplacement) des générations est de 2,10 enfants par femme.
6. *Les inégalités sont plus fortes en France qu'en Allemagne* : VRAI, d'après l'indice de Gini (mentionné dans la fiche « Ressources »).

> ### Pour votre information
>
> **• Croissance démographique**
>
> | Pays | Taux | Pays | Taux |
> |---|---|---|---|
> | Liban | 9,30 | Chine | 0,44 |
> | Zimbabwe | 4,30 | Espagne | 0,80 |
> | Cameroun | 2,60 | Italie | 0,30 |
> | Algérie | 1,90 | Russie | −0,03 |
> | Inde | 1,20 | Japon | −0,13 |
> | Brésil | 0,80 | Allemagne | −0,18 |
> | États-Unis | 0,70 | Ukraine | −0,68 |
> | France | 0,45 | Syrie | −9,70 |
>
> CIA World Factbook, 2014
>
> **• PIB par habitant en PPA* (en dollars)**
>
> | Pays | Montant | Pays | Montant |
> |---|---|---|---|
> | Allemagne | 48 700 | Italie | 38 000 |
> | Brésil | 15 100 | Japon | 41 500 |
> | Chine | 15 500 | Mexique | 17 800 |
> | Corée du Sud | 35 800 | Mozambique | 1 200 |
> | Canada | 44 000 | Norvège | 59 300 |
> | Égypte | 11 000 | Pologne | 27 800 |
> | Espagne | 36 300 | Roumanie | 23 600 |
> | États-Unis | 57 500 | Royaume-Uni | 42 600 |
> | France | 41 500 | Russie | 23 000 |
> | Grèce | 27 000 | Suisse | 62 800 |
> | Israël | 38 000 | Turquie | 24 200 |
>
> Banque Mondiale, 2016
>
> * PPA : parité de pouvoir d'achat (taux de conversion qui éliminent les différences de niveaux de prix entre les pays).

unité 6

Activité 2, page 82

Suggestions

- Les étudiants font les exercices a et b individuellement.
- Correction collective.
- Ils répondent collectivement aux questions de l'exercice c.

Corrigé

Exercice a

Le village de Douelle compte **534** habitants […] et **210** moins de 20 ans. La taille moyenne des jeunes de 20 ans est de **1,65** mètre pour les garçons et de **1,55** mètre pour les filles. […] les autres sont des jeunes de moins de **14** ans […] Les **3/4** du budget familial passent dans l'alimentation. […] Pour acheter un poulet de **1** kg, le travailleur moyen de Douelle doit travailler 8 heures.

Exercice b

FICHE D'IDENTITÉ

- Nom de la commune : *Douelle*
- Nombre d'habitants : *534*
  – de moins de 20 ans : *210*
  – de plus de 70 ans : *40*
- Taille des habitants :
  – hommes : *1,65 m*
  – femmes : *1,55 m*
- Niveau d'éducation : *école primaire*
- Population active : *279*
- Principal secteur d'activité : *agriculture*
- Pouvoir d'achat : *prix d'un kilo de poulet = salaire d'une journée de travail (8 heures)*

Exercice c

Proposition

Ce village présente de nombreuses caractéristiques de sous-développement : un faible niveau d'éducation, la prédominance du secteur agricole, un faible pouvoir d'achat, l'importance des dépenses alimentaires dans le budget familial, une alimentation très simple, des moyens de production rudimentaires (des bœufs, deux tracteurs pour tout le village), voire une forte proportion de jeunes, la petite taille des individus (par rapport à la taille des Français d'aujourd'hui), etc.

Activité 3, page 82

Suggestion

- Activité et correction collectives. On peut se demander pour quelles raisons le village de Douelle, et plus largement la France (Douelle étant un village français typique), et plus largement encore un certain nombre de pays dans le monde, ont pu se développer, alors que d'autres pays – une immense majorité, en fait – n'ont pas réussi à décoller. Le régime politique, peut-être ?

Corrigé

Proposition

Qu'est-ce qui a changé à Douelle depuis 1946 ? On peut faire les suppositions suivantes : il y a maintenant une forte proportion de personnes âgées, les individus sont plus grands, le niveau d'éducation est plus élevé, le secteur agricole emploie une minorité de la population, les dépenses alimentaires ne représentent qu'une faible partie du budget, le pouvoir d'achat a considérablement augmenté (les revenus sont plus élevés, le prix du poulet a beaucoup baissé), l'alimentation est plus riche, les moyens de production se sont développés, etc.

> **Pour votre information**
>
> Un économiste français, Jean Fourastié, a écrit un livre resté célèbre : *Les Trente Glorieuses*. Dans cet ouvrage, il analyse l'évolution de la situation économique et sociale de la France pendant les trente années qui ont suivi la Seconde Guerre mondiale, les trente glorieuses, de 1945 à 1975. Il explique qu'en 1946 la France présentait toutes les caractéristiques d'un pays sous-développé et qu'elle est devenue un pays riche en trente ans. D'autres pays ont connu les Trente Glorieuses, notamment des pays d'Europe de l'Ouest.
>
> Jean Fourastié nous décrit d'abord la situation du village où il est né, Douelle (situé dans le Sud de la France), en 1946. Puis il décrit ce même village trente ans plus tard, en 1975. Cette année-là, Douelle compte 670 habitants ; 215 travaillent, dont près de la moitié travaillent dans le secteur tertiaire : ils sont employés de bureau ou de banque, fonctionnaires, commerçants, instituteurs, etc. Une cinquantaine sont agriculteurs. La taille moyenne d'un adolescent de 20 ans est de 1,74 m. Les rues du village sont animées.

Activité 4, page 83

Suggestions :
- Les étudiants répondent d'abord à deux.
- Correction collective.

Corrigé

Proposition

Le Sénégal connaît de nombreux problèmes :
- *Croissance démographique* : trop rapide.
- *Taux de fécondité (5 enfants par femme)* : trop élevé.
- *Espérance de vie (63 ans)*. Comparé à l'espérance de vie dans les pays riches, elle est très faible. À titre de comparaison, elle est de 85 ans au Japon, de 82 ans en France, de 81 ans en Allemagne, de 79 ans aux États-Unis.
- *Taux d'alphabétisation (52 %)* : extrêmement faible. Il est de plus de 80 % dans les deux tiers des pays du monde et de près de 100 % dans les pays développés, ainsi qu'à Cuba ou que dans les ex-pays de l'Union soviétique (Géorgie, Biélorussie, Ukraine, Kazakhstan, etc.).
- *PIB/habitant (1 130 $)* : très faible.
- *Coefficient de Gini (0,41)* : très élevé, ce qui traduit de fortes inégalités.
- *Croissance économique (4 %)* : étant donné la croissance démographique du pays et son niveau de développement économique, la croissance économique devrait être bien plus élevée pour que le pays parvienne à se développer.

Activité 5, page 83

Suggestions
- Le groupe répond collectivement aux questions de l'exercice a. Cet exercice prépare l'écoute de l'exercice b.
- Exercice b : les étudiants écoutent et prennent des notes.
- Correction collective.

Corrigé

1. *Quel est le rôle des enfants dans les familles traditionnelles sénégalaises ?* Ils peuvent aider leur famille en travaillant et, une fois adultes, prendre en charge leurs parents âgés.
2. *Pour quelles raisons le recours à la contraception est-il peu répandu ?* M. Dia mentionne trois types de raisons :
   - Des raisons religieuses : l'islam et le catholicisme sont hostiles à la contraception.
   - Un faible encadrement sanitaire de la population : un manque de médecins, de pharmaciens, d'infirmiers.

unité 6

– Le coût trop élevé de la contraception pour les familles sénégalaises.

3. *Comment pourrait-on limiter les naissances ?* En élevant le niveau d'instruction, en particulier celui des jeunes filles. Car l'éducation amènera les femmes :
   – à reculer l'âge du mariage ;
   – à limiter le nombre d'enfants pour avoir une activité professionnelle ;
   – à consacrer plus de temps à chaque enfant.

Pour M. Dia, l'éducation au Sénégal devrait être la priorité.

Activité 6, page 83

Suggestions

- Si les étudiants viennent d'un même pays, ils font l'activité par groupe de deux ou trois personnes. Un représentant du groupe peut ensuite présenter oralement un compte rendu de leurs conclusions (problèmes, causes, solutions).
- Travail individuel : chacun peut rédiger un compte rendu (à la maison).

→ **Point grammaire, page 83**

Corrigé

2 b – **3** f – **4** a – **5** e – **6** c.

5. Commerce international (pages 84 et 85)

Objectifs

- Lire et établir les balances du commerce extérieur.
- Débattre oralement et par écrit du libre-échange et du protectionnisme.
→ Point grammaire : l'indicatif et le subjonctif dans la proposition complétive.

Activité 1, page 84

Suggestions

- Les étudiants lisent la fiche « Ressources » et font l'exercice individuellement.
- Correction collective.

Corrigé

Exercice a

1. Balance commerciale – **2.** Balance des capitaux – **3. 4.** Balance commerciale. Balance des invisibles.

Exercice b

Votre pays :

1. *importe du pétrole* : balance commerciale, sortie d'argent. – **2.** *exporte des produits alimentaires* : balance commerciale, entrée d'argent. – **3.** *vend des services informatiques* : balance des invisibles, entrée d'argent. – **4.** *acquiert des brevets d'invention* : balance des invisibles, sortie d'argent. – **5.** *emprunte à des organismes internationaux* : balance des capitaux, entrée d'argent. – **6.** *investit à l'étranger* : balance des capitaux, sortie d'argent.

Activité 2, page 84

Suggestions

- Les étudiants font l'exercice individuellement.
- Correction collective.

Corrigé

2. Diminution des droits de douane : FAVORABLE au libre-échange. – **3.** Contingentement des importations : DÉFAVORABLE. –

4. Simplification des formalités douanières : FAVORABLE. – **5.** Établissement de règlements d'hygiène et de sécurité : DÉFAVORABLE.

Activités 3 et 4, page 84

Suggestions

- Les étudiants font l'activité 3 à deux.
- Correction collective. Cette activité prépare l'activité 4.
- Activité 4 : organiser un petit débat en reprenant notamment les arguments développés précédemment.

Corrigé

Proposition

1. **Le libre-échange** stimule la compétitivité et la productivité des entreprises. Les entreprises ne peuvent pas se contenter d'être compétitives sur leur marché national, elles doivent également affronter la concurrence des entreprises étrangères.
2. **Le protectionnisme** maintient en vie des entreprises vieillissantes en déclin. Les entreprises protégées ne sont pas encouragées à innover.
3. **Le libre-échange** élargit le marché des entreprises. Les entreprises peuvent vendre et acheter sur un plus vaste marché (dans leur pays et à l'étranger).
4. **Le libre-échange** amène les pays à se spécialiser dans certains types de production. Un économiste anglais, David Ricardo (1772-1823), défendait le libre-échange au nom de la théorie des coûts comparatifs. Selon lui, tout pays a intérêt à se spécialiser dans ce qu'il sait le mieux faire, c'est-à-dire dans la production où il est le plus compétitif par rapport à ses partenaires commerciaux. Grâce au libre-échange, les pays peuvent exporter leurs productions et importer des biens produits à l'étranger à un moindre coût.
5. **Le libre-échange** rend les nations dépendantes les unes des autres. C'est une conséquence de la spécialisation de la production.
6. **Le libre-échange** est un facteur de paix dans le monde. Les pays deviennent dépendants les uns des autres, et on ne fait pas la guerre à son client ni à son fournisseur.
7. **Le protectionnisme** laisse moins de choix aux consommateurs. Les produits étrangers sont moins nombreux.
8. **Le protectionnisme** protège les entreprises naissantes. Une entreprise naissante est une entreprise qui, par manque d'expérience et de savoir-faire, ne peut pas immédiatement affronter ses concurrentes étrangères. Certains économistes recommandent donc de la protéger à ses débuts.
9. Dans tous les cas, **le protectionnisme** devrait toujours être temporaire. Pour ces mêmes économistes (cités au point 8), des mesures protectionnistes ne peuvent être que provisoires. L'objectif est de protéger les entreprises naissantes le temps qu'elles grandissent et deviennent capables d'affronter leurs concurrentes étrangères.

Activité 5, page 85

Suggestions

- Les étudiants font l'exercice à deux.
- Correction collective.

Corrigé

Proposition

L'invention du conteneur en 1956 a contribué au développement du commerce de marchandises davantage que les négociations au sein de l'OMC et Internet. *(23 mots)*

Activité 6, page 85

Suggestions

- Les étudiants rédigent à deux une réponse à la question a.
- Correction collective.
- Débattre collectivement de la question b.

unité 6

Corrigé
Proposition
a. La mondialisation menace-t-elle la diversité culturelle ? *ou* La diversité culturelle survivra-t-elle à la mondialisation ?
b. La culture mondialisée trouve ses limites dans de nombreux domaines (matériels, religieux, linguistiques, artistiques, sociaux).

→ Point grammaire, page 85
1. Je suis persuadé que le libre-échange **élargit** le marché des entreprises. – **2.** Je suis étonné qu'il **faille** accomplir autant de formalités. – **3.** Je doute que le libre-échange **rende** les nations solidaires. – **4.** Dans certains cas, je pense qu'il **faut** prendre des mesures protectionnistes. – **5.** « Il est temps que nous **protégions** nos entreprises », a déclaré le ministre. – **6.** Je crains que ces mesures ne **soient** désastreuses pour notre économie. – **7.** Nos partenaires demandent que nous **diminuions** nos droits de douane.

Bilan de compétences (pages 86 à 89)

A. Lire (pages 86 et 87)

Suggestions
- Travail individuel.
- Correction collective.

Corrigé
Activité 1
1 g – 2 c – 3 i – 4 b – 5 a – 6 e.

Activité 2
Exercice a
1 C – 2 D – 3 A – 4 B.

Exercice b
1. *Qu'est-ce que l'économie collaborative ?* L'économie dite « collaborative » ou « de partage » repose sur le partage ou l'échange entre particuliers de biens, de services ou de connaissances. Elle passe par l'intermédiaire d'une plateforme numérique de mise en relation.
2. *Dans quels secteurs est-elle présente ?* Elle se développe dans tous les secteurs d'activité : logement, transport, alimentation, habillement, services d'aide entre particuliers, équipement divers, culture, enseignement, emplois, etc.
3. *Quels avantages présente-t-elle* :
   – *pour le consommateur ?* C'est une économie à la demande, conçue pour satisfaire ses moindres désirs, en trois clics sur un smartphone.
   – *pour l'entreprise ?* Elle constitue un nouveau modèle économique extrêmement productif. Des entreprises comme Uber, Blablacar, Airbnb, Leboncoin fonctionnent avec très peu de salariés et génèrent des chiffres d'affaires colossaux.
   – *pour le travailleur ?* Cette économie lui permet de travailler à son rythme, dans la plus grande liberté.
4. *Quels en sont les inconvénients pour le travailleur ?* Dans l'économie collaborative, on travaille beaucoup pour un maigre revenu et sans protection sociale.

B.  Écouter (page 88)

Exercice 1

Suggestions
- Les étudiants prennent connaissance de la situation et des consignes.
- Avant l'écoute, ils tentent de répondre collectivement aux questions.

- Ils écoutent l'interview en prenant des notes.
- Correction collective.

Corrigé

1. *Quel est le rapport entre les technologies de l'information et l'énergie nucléaire ?* Comme les technologies de l'information depuis vingt ans, l'énergie solaire se développe de façon exponentielle.
2. *Quel sont les principaux inconvénients de l'énergie nucléaire ?* L'énergie nucléaire est une vieille technique industrielle ultra centralisée, obsolète, difficile et longue à mettre en place. Elle est surtout très dangereuse : les risques sont énormes et les accidents, de gigantesques catastrophes.
3. *Quels sont les inconvénients de l'énergie solaire ?* Thomas Rohman n'en voit aucun.
4. *Quels sont les trois avantages de l'énergie solaire ?* Elle est gratuite, propre, inépuisable.
5. *À quoi pouvons-nous nous attendre dans vingt ans ?* D'après Thomas Rohman, comme nous savons de mieux en mieux la convertir et comme elle sera bientôt moins chère que les autres énergies, l'énergie solaire pourra d'ici vingt ans satisfaire 100 % de nos besoins.

Exercice 2

Suggestions

- Avant d'écouter, les étudiants essaient de compléter le tableau.
- Ils écoutent deux fois.
- Correction collective.

Corrigé

Caractéristiques	Portugal	Pays-Bas
Population	10 millions	10 millions
Superficie	92 000 km²	41 526 km²
Langue officielle	Portugais	Néerlandais
Capitale	Lisbonne	Amsterdam
PIB / Habitant	18 000 €	41 000 €
Date d'entrée dans l'UE	1986	1957
Autres caractéristiques	*4,5 millions de Portugais vivent à l'étranger, dont près de 800 000 en France.*	*La plus forte densité de population en Europe. Pratique de la bicyclette. Deux millions de bicyclettes vendus chaque année.*

C.  Écrire (page 89)

Suggestions

- Les étudiants prennent connaissance de la situation, du mail, des consignes.
- S'assurer que tous ont bien compris : Qui doit écrire à qui ? Quel est le problème ? Quelles sont les consignes de Jeanne Buisson ? Etc.
- Travail individuel : à faire à la maison.

Corrigé

Proposition

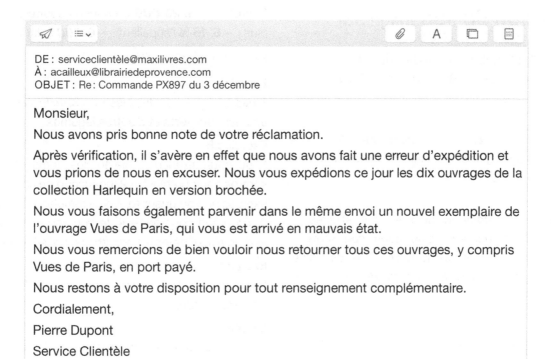

DE : serviceclientèle@maxilivres.com
À : acailleux@librairiedeprovence.com
OBJET : Re : Commande PX897 du 3 décembre

Monsieur,

Nous avons pris bonne note de votre réclamation.

Après vérification, il s'avère en effet que nous avons fait une erreur d'expédition et vous prions de nous en excuser. Nous vous expédions ce jour les dix ouvrages de la collection Harlequin en version brochée.

Nous vous faisons également parvenir dans le même envoi un nouvel exemplaire de l'ouvrage Vues de Paris, qui vous est arrivé en mauvais état.

Nous vous remercions de bien vouloir nous retourner tous ces ouvrages, y compris Vues de Paris, en port payé.

Nous restons à votre disposition pour tout renseignement complémentaire.

Cordialement,

Pierre Dupont

Service Clientèle

D. Parler (page 89)

 Jouez à deux

Suggestions

- Voir « Comment jouer à deux », page 12.

Grammaire

L'expression du lieu (page 98)

Exercice A
1. *en* Turquie. – 2. *à* Istanbul. – 3. *au* Canada. – 4. *aux* États-Unis. – 5. *à/de* New York. – 6. *d'* Égypte. – 7. *au* Caire. – 8. *du* Caire.

Exercice B
[...] *au* Chili, mais il vit *en* France, *dans* une ville située *dans* le sud du pays [...] *chez* Michelin [...] *dans* une petite entreprise, *aux* Pays-Bas.

Exercice C
1. *au* dernier étage *dans* le quartier des affaires. – 2. il est *dans* son bureau, assis *dans* son fauteuil, *devant* son ordinateur. – 3. *Sur* la table... – 4. *en* Chine, *à* Shanghai. – 5. *à* l'aéroport *au* nord-est *de* Paris, *à* une trentaine de kilomètres.

L'interrogation directe (page 99)

Exercice A
1. *Qui* travaille ici ? – 2. Il fait *quel* temps dehors ? – 3. *Qui* cherchez-vous ? – 4. *De qui* parlez-vous ? – 5. À *qui* est-ce *que* tu penses ? – 6. Qu'est-ce *que* tu veux dire ? – 7. *Que* voulez-vous dire ? – 8. À *qui* écrivez-vous ?

Exercice B
1. *Quel* âge a-t-elle ? – 2. *Que* vous faites ? – 3. *De qui* parlez-vous ? – 4. *Qu'est-ce qu'* il y a dans cette tasse ? – 5. *Qui* est au téléphone ? – 6. *À qui* est cette gomme ? – 7. *Lesquelles* préfères-tu ?

Exercice C
1. *Quel* salaire... – 2. *Qu'est-ce* qui vous intéresse... – 3. *Quelles* sont vos qualités ? – 4. *Quels* sont vos défauts ? – 5. *Pour quelle* raison... – 6. *Quel* temps... – 7. *Qu'est-ce que* vous ne supportez pas... – 8. *Avez*-vous une question...

L'expression de la quantité (pages 100 et 101)

Exercices page 100

Exercice A
a 2 – b 6 – c 1 – d 5 – e 7 – f 4 – g 3.

Exercice B
1. trente-deux. – 2. trente et un. – 3. quatre. – 4. quatre-vingts. – 5. cent mille. – 6. deux millions. – 7. seize. – 8. neuvième – 9. trois cent soixante-cinq.

Exercice C
1. *27* pays, *500 000 000* habitants. – 2. *58 %* des femmes... – 3. *25 000* Européens adultes... – 4. *6* cm de plus... – 5. *16 %* l'appellent... – 6. *200* salariés.

Exercices page 101

Exercice A
1. *des* gâteaux. – 2. *du* poisson. – 3. *de la* viande. – 4. *de l'*ail, *des* haricots verts et *d'*autres légumes.

Exercice B
1. *du* courage (partitif devant les noms abstraits qui ne sont pas nombrables). – 2. beaucoup *de* courage (avec des expressions de quantité, « de » remplace l'article partitif) – 3. *un* grand courage. – 4. *le* courage de Sylvie (avec les verbes aimer, détester, admirer, on utilise l'article défini).

Exercice C
Proposition : acheter *du poisson*, boire *de l'eau*, prendre *des yaourts nature*.

Exercice D
Basile : « *Chacun* a ses problèmes. Je ne trouve aucun travail. J'ai écrit à chaque entreprise de la région. *Aucune* ne m'a répondu. Maintenant, je n'ai plus *aucun* espoir. »

Exercice E
1. Elle n'a pas le sens des affaires. – 2. Je ne travaille ni le samedi ni le dimanche. – 3. Il ne rencontre aucun problème. – 4. Je n'ai pas encore reçu les résultats.

Exercice F
1. aucun intérêt. – 2. peu d'intérêt. – 3. un peu d'intérêt. – 4. quelque intérêt. – 5. un certain intérêt. – 6. beaucoup d'intérêt. – 7. un intérêt considérable.

Les pronoms compléments (page 102)

Exercice A
1. Comment *le* trouves-tu ? – 2. Je *l'*écouterais pendant des heures. – 3. Oui, je *t'*entends très bien. – 4. Pouvez-vous *la* rappeler ? – 5. Sa famille *lui* manque. – 6. Parlez-*lui* très fort. – 7. Inutile de *leur* cacher la vérité. – 8. Ne *les* oubliez pas. – 9. Envoyez-*lui* un mail. – 10. Tu *l'*embrasses ou tu *lui* serres la main ? – 11. Mais je vais *y* réfléchir. – 12. Ce n'est pas la peine de lui *en* parler.

Exercice B
1. Claire qui *le* fait. – 2. Lucie qui *les* prend. – 3. Lucie qui *y* va. – 4. Claire qui s'*en* charge et qui *leur* écrit... – 5. Lucie qui *leur* téléphone et qui *leur* rend visite. – 6. Claire s'*en* occupe. 7. toutes deux *en* ont besoin. – 8. Claire *lui* achète des fleurs. – 9. Lucie qui va *l'*épouser.

Exercice C
1. Elle s'intéresse peu à lui. – 2. Nous y avons souvent pensé. – 3. Ils nous en ont informés. – 4. Je te l'ai déjà dit. – 5. Il ne veut pas y aller. – 6. Je ne lui en ai pas encore parlé.

Le passé composé et l'imparfait (page 103)

Exercice A
Un tour du monde à bicyclette
Un jour, Laurence, qui **travaillait** 12 heures par jour et 7 jours sur 7, **est tombée** gravement malade. Elle **est restée** trois mois à l'hôpital entre la vie et la mort. Finalement, elle **a guéri** et elle **a pu** sortir de l'hôpital. Alors, elle **a changé** complètement sa vie. Elle **a démissionné**. Elle **a acheté** un vélo et elle **est partie** faire le tour du monde. Un jour, alors qu'elle **traversait** un petit village grec, elle **a entendu** quelqu'un qui l'**appelait** par son nom. Elle **s'est retournée** et elle **a vu**...

Exercice B
Un premier entretien d'embauche
Il **était** quinze heures. J'**attendais** à l'accueil de la société Bonnette. Je me **sentais** un peu nerveux. Normal, c'**était** mon premier entretien d'embauche. Je **regardais** l'hôtesse d'accueil. Elle **dormait**. De temps en temps, le téléphone **sonnait** et la **réveillait**. Des gens pressés **passaient** sans me regarder. Finalement, une dame **est arrivée**. Elle **semblait** énergique. Elle **a dit** quelque chose à l'hôtesse, puis elle **s'est tournée** vers moi. « Monsieur Lebouc ? », a-t-elle **demandé**. Alors, à ce moment précis, je l'**ai reconnue**...

L'expression du temps (page 104)

Exercice A
1. *le* 3 mars. – 2. *la* semaine dernière. – 3. *au* mois d'août. – 4. *en* ce moment ?

Exercice B
1. *depuis* deux ans. – 2. *il y a* une heure. – 3. *depuis* une heure. – 4. *Il y a* un an.

Exercice C
1. *jusqu'à* l'âge de 65 ans. – 2. *pendant* ton absence. – 3. *jusqu'à* demain.

Exercice D
1. *en* cinq mois. – 2. *dans* dix minutes. – 3. *dans* quelques années. – 4. *en* une heure.

Exercice E
1. *pendant* deux heures. – 2. *pour* deux minutes. – 3. *pendant* six mois. – 4. *pendant* la réunion.

Exercice F
1. habite. – 2. a changé. – 3. comprenne. – 4. auras lu.

Exercice G
1. *avant qu'*il ne soit trop tard. – 2. *dès que* je serai arrivée. – 3. *Après* t'avoir écouté... – 4. *Depuis qu'*il est arrivé... – 5. *jusqu'à ce que* je trouve... – 6. *En attendant que* ma voiture... – 7. *avant que* vous ne m'ayez répondu. – 8. Je t'enverrai un texto *demain / quand j'aurai des nouvelles / etc.*

Le discours indirect (page 105)

Exercice A
Elle lui demande : 1. ce que Léa en a pensé. – 2. de se dépêcher. – 3. pourquoi il/elle ne lui a rien dit. – 4. de l'appeler quand il/elle sera arrivé(e). – 5. de ne pas rester trop longtemps. – 6. si il/elle est sûr(e) de lui/d'elle. – 7. comment il/elle/on va faire pour s'en sortir. – 8. de ne pas s'inquiéter. – 9. pourquoi il/elle ne lui répond pas.

Exercice B
Elle a dit : 1. que le bénéfice **avait progressé** de 10 %, qu'il **s'élevait** cette année à 10 millions d'euros, que c'**était** bien, mais qu'elle **était** sûre qu'on **ferait** encore mieux l'année prochaine. – 2. que nous **ouvririons** en mars notre nouvelle usine, que Pierre Pingouin la **dirigerait** et que 200 personnes **seraient** embauchées. – 3. qu'*elle* ne **voulait** pas *se* concentrer sur un faible nombre de produits, qu'*elle croyait* qu'il *faudrait* diversifier notre offre. – 4. que Jacqueline Leduc **avait été** nommée directrice du marketing, en remplacement de M. Dupuis, qui **avait pris** sa retraite.

Les pronoms relatifs (page 106)

Exercice A
un livre **qui** plaît, **que** je recommande fortement/ **dont** j'ai entendu parler, **dont** tout le monde parle/ C'est l'histoire de **qui** ?/ D'un petit village **où** vivent des Gaulois.

Exercice B
1. C'est un bon livre **dans lequel** tu trouveras beaucoup d'informations. – 2. Voici un plan du salon **sur lequel** les stands sont indiqués. – 3. Ce sont des détails **auxquels** tu dois faire attention. – 4. C'est une personne compétente **en qui** tu peux avoir confiance. – 5. Je vous présenterai ce monsieur **avec qui** je travaille.

Exercice C

Proposition : **1.** J'ai enfin trouvé un travail qui *me plaît*. – **2.** Le contrat qu'*ils ont passé n'est pas très avantageux*. – **3.** Le bureau où *je travaille* donne sur un jardin. – **4.** Il a été licencié. C'est la raison pour laquelle *il n'est pas très en forme*. – **5.** L'ordinateur sur lequel *je travaille est tombé en panne*. – **6.** Je ne comprends pas ce dont *vous parlez*.

Le subjonctif (page 107)

Exercice A

Il faut que vous *soyez* disponible, *puissiez* voyager, *sachiez* conduire, *connaissiez* l'anglais, *aimiez* les responsabilités, *ayez* de l'ambition. Vous ne croyez pas que la vie *soit* faite pour les paresseux et qu'on *devienne* riche en dormant. Nous voulons que vous *réussissiez* avec nous.

Exercice B

1. Il pense qu'elle *a* tort. – **2.** Il est temps qu'on *parte*. – **3.** Je suis sûr qu'il *est* compétent. – **4.** Il vaut mieux que tu *viennes*. – **5.** Je sais bien que tu *dis* la vérité. – **6.** Je doute qu'il *comprenne*. – **7.** Il aimerait que tu *fasses* ce travail. – **8.** J'espère que tu *es* satisfait. – **9.** Je pense que vous *manquez* de personnel. – **10.** Ça m'étonnerait qu'ils *puissent* finir dans les temps.

Exercice C

Proposition : **1.** *Il faut* qu'il aille à la réunion demain. – **2.** *J'espère* qu'on recevra des nouvelles. – **3.** *Je ne crois pas* que ça te plaise – **4.** *Je regrette* que vous ne soyez pas venus.

Exercice D

1. Je reste ici jusqu'à ce que *tu reviennes*. – **2.** Dépêche-toi pour qu'*on ne soit pas en retard*. – **3.** Je voudrais la voir avant qu'*elle ne parte*. – 4. Il fume au bureau bien que *ce soit interdit*. – **5.** Je te le prête à condition que *tu me le rendes rapidement*. – **6.** Je te le prête en attendant que *tu en achètes un autre*.

L'expression de la comparaison, de la condition, de l'hypothèse (page 108)

Exercice A

1. *mieux* que ses collègues. – **2.** j'ai trouvé de *meilleur* marché. – **3.** pas forcément *le meilleur*. – **4.** pour *le mieux*.

Exercice B

Proposition : **1.** Le train est *plus sûr* que la voiture. – **2.** L'avion est le moyen de transport *le plus rapide*. – **3.** L'argent coûte *moins cher* que l'or. – **4.** Un kilo de plumes pèse *aussi lourd / autant* qu'un kilo de plomb.

Exercice C

1. Si elle *avait refusé*, j'aurais été déçue. – **2.** Si tu sors avant 7 heures, *appelle*-moi. – **3.** Si tu manques d'argent, tu *peux/pourras* toujours m'en demander. – **4.** Si elle ne travaillait pas, elle *s'ennuierait*. – **5.** Si on t'avait proposé ce poste, est-ce que tu *aurais accepté* ? – **6.** Si on t'avait invité, est-ce que tu *serais venu* ?

Exercice D

1. *sauf* si j'ai trop de travail. – **2.** *à moins qu*'elle ne reçoive une aide de l'État. – **3.** *au cas où* ils n'obtiendraient pas satisfaction. – **4.** *à condition que* vous respectiez les vôtres.

Exercice E

1. Il n'acceptera pas, *à moins que* vous (*ne*) lui proposiez un gros salaire. – **2.** *Pourvu que* l'entreprise fasse des bénéfices, il est content. – **3.** *En admettant qu'elle vienne*, je pense qu'elle arrivera sûrement en retard.

L'expression de la cause, de la conséquence (page 109)

Exercice A

1. […] à la réunion du 3 mars. *En effet*, je serai en déplacement à l'étranger. – **2.** *En conséquence*, je vous demande de les livrer immédiatement. – **3.** *En effet*, nous ne disposons pas du personnel…

Exercice B

– … *parce que* Paulette n'est pas encore arrivée.
– *Alors*, on peut commencer.
– Mais *comme* Jacques n'est pas encore là…
– *Puisque* tout le monde est là…

Exercice C

Proposition : **1.** Grâce à son travail acharné, *il a réussi*. – **2.** Il est comptable, c'est pourquoi *il calcule vite*. – **3.** Il est arrivé en retard sous prétexte que *son réveil n'a pas sonné*. – **4.** Il y avait tellement de monde que *je n'ai pas pu entrer*. – **5.** Il y avait une grève si bien qu'*aucun train ne circulait*.

L'expression du but, de l'opposition, de la concession (page 110)

Exercice A
1. tandis qu'il *dort* toute la journée. – **2.** de peur qu'on ne l'*entende* pas. – **3.** Bien qu'il *soit sorti* l'année dernière… – **4.** encore qu'il y *ait* beaucoup de problèmes.

Exercice B
[…] *Toutefois, contrairement à* ce que nous avions commandé, le produit est de qualité 2. *au lieu d'*être de qualité 1. *Afin de* satisfaire notre clientèle […] *Dans l'espoir que* vous reconnaîtrez le bien-fondé…

Exercice C
Proposition : **1.** On a beau lui dire de s'habiller correctement, *il continue à s'habiller comme un clochard.* – **2.** J'ai répondu à plusieurs offres d'emploi sans *recevoir la moindre réponse.* – **3.** Bien qu'il n'ait aucun diplôme, *il a trouvé un emploi.* – **4.** Malgré la limitation de vitesse, *il conduit comme un fou.* – **5.** Au lieu de *regarder la télévision*, tu ferais mieux de faire tes devoirs. – **6.** Ils devraient arriver avant midi, à moins qu'*il y ait des embouteillages.* – **7.** Je viens d'un pays, qui contrairement à ce que les gens pensent, **n'est pas une démocratie.**

Tableaux des conjugaisons (pages 111-113)

Exercices page 111
M. Tournier **attache** beaucoup d'importance au travail d'équipe. Il **réussit** bien à nous motiver et je lui **fais** confiance. Le problème, c'est qu'il ne **sait** pas déléguer, il **veut** tout expliquer, tout savoir, il ne nous **laisse** aucune indépendance. Au lieu d'aller droit au but et d'être direct, il **passe** beaucoup de temps à convaincre. Généralement, d'ailleurs, il y **parvient**. Mais quelle perte de temps ! Avec lui, finalement, nous ne **sommes** pas très efficaces.

Mme Le Bihan **explique** dans le détail ce qu'elle **veut**. Le problème, c'est qu'elle nous **fait** toujours travailler sur ses propres idées, et jamais sur les nôtres. Elle nous **demande** rarement notre avis. On ne **peut** jamais prendre d'initiative. Elle **croit** qu'elle **est** la plus compétente et qu'elle **sait** tout, dans tous les domaines. Je ne **parviens** jamais à la faire changer d'avis. Elle **est** incroyablement têtue.

Mme Salomon ? Elle **a** toutes les qualités. C'était quelqu'un qui **réfléchit** beaucoup et qui ne **prend** jamais de décision à la légère. Elle **sait** nous écouter. Elle **mène** les réunions avec beaucoup de savoir-faire. Elle **intervient** toujours quand il le *faut*. Elle **résout** les conflits avec tact et **fait** attention de ne blesser personne. Elle **définit** clairement les objectifs et nous **remercie** toujours pour le travail qu'on **fournit**. Elle ne se **plaint** jamais. Parfois, elle se **trompe**, mais alors, elle **reconnaît** ses erreurs. Bref, elle **est** parfaite.

Exercices page 112
Exercice A
1. … qu'elle n'*avait* jamais *pris* l'avion. – **2.** … la marchandise que nous *avions commandée* il y a deux mois. – **3.** … comme nous l'*avions prévu*. – **4.** … depuis qu'elle *avait perdu* son travail. – **5.** Si elle *était venue* à la réunion… – **6.** … son entreprise *s'était implantée* au Japon.

Exercice B
Proposition : **2.** Il y a une conférence cet après-midi. – **3.** Et la réunion de ce matin ? – **4.** Il lui a remis sa lettre de démission. – **5.** Elle lui a fait des reproches. – **6.** Vous remettrez le rapport le 3 septembre, d'accord ? – **7.** Ils ont des produits très originaux. – **8.** Vous avez fait bon voyage ? – **9.** C'est de la part de qui ?

Exercices page 113
Exercice A
1. Roger, quand vous *sortirez*, vous ne *ferez* pas… – **2.** Quand vous *reviendrez*, vous *achèterez*… Vous n'*oublierez* pas… – **3.** Vous *irez* aussi chez le médecin… – **4.** Je *devrai* partir… et je *serai* de retour…

Exercice B
1. en t'asseyant. – **2.** en croyant. – **3.** en buvant. – **4.** en sachant. – **5.** en se plaignant.

Exercice serai C
1. *Réussissez* vos examens… – **2.** *Faites* Paris-Lyon… – **3.** *Assurez-vous*… – **4.** *Prenez* des vacances…

Les expressions de la correspondance professionnelle (pages 114 et 115)

Corrigés

Exercice A

Suggestions

S'assurer que la consigne a bien été comprise : il s'agit de choisir *la toute première phrase* du mail, en se référant au point 2.

a. «*Je vous remercie de votre proposition...*» Les deux autres choix pourraient être utilisés dans le mail, mais pas dans la première phrase.

b. «*Nous sommes convenus d'un rendez-vous...*» Parce qu'il faut commencer par faire référence à ce qui s'est passé. Dans la suite du mail, on peut utiliser les autres options, dans l'ordre proposé, avec quelques adaptations : «Je ne serai malheureusement pas disponible ce jour-là. Peut-on reporter ce rendez-vous au 12 mars à 10 heures?» Comme il a été déjà dit, on procède par étape, idée par idée, sans vouloir tout dire à la fois. Faites des paragraphes, allez à la ligne.

c. «*Nous avons bien reçu...*» Parce qu'avant d'expliquer le problème, on accuse réception de la livraison.

d. «*Nous avons pris bonne note de votre réclamation.*» Parce ce qu'avant d'annoncer l'envoi du produit ou de s'excuser, on accuse réception de la réclamation.

Exercice B *(Proposition)*

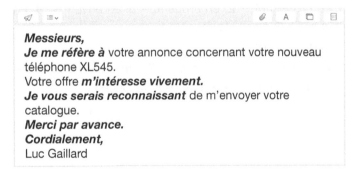

Messieurs,
Je me réfère à votre annonce concernant votre nouveau téléphone XL545.
Votre offre **m'intéresse vivement.**
Je vous serais reconnaissant de m'envoyer votre catalogue.
Merci par avance.
Cordialement,
Luc Gaillard

Exercice C

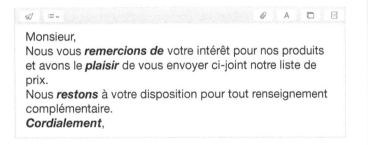

Monsieur,
Nous vous **remercions de** votre intérêt pour nos produits et avons le **plaisir** de vous envoyer ci-joint notre liste de prix.
Nous **restons** à votre disposition pour tout renseignement complémentaire.
Cordialement,

À : Pauline
OBJET : Visite à Paris

Bonjour Pauline,
J'ai **l'intention** de me rendre en France fin mars. **Pourriez-vous** me dire si vous serez à Paris à cette date ? Je serais **heureux** de vous revoir.
Bien cordialement,
Victor

Madame,
Nous avons le **regret** de vous **informer** que nous ne **pouvons** malheureusement pas donner une suite favorable à votre demande...
Nous **espérons** que vous comprendrez les raisons de cette décision.
Nous vous **prions** d'agréer, **Madame**, nos salutations distinguées.

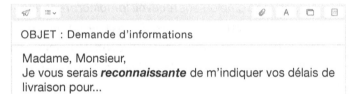

OBJET : Demande d'informations

Madame, Monsieur,
Je vous serais **reconnaissante** de m'indiquer vos délais de livraison pour...
Je vous en **remercie** par avance.
Veuillez recevoir, Madame, **Monsieur**, mes salutations les meilleures.
Annie Marchand

Pour votre information

1. Le «titre de civilité»

Outre les titres de civilité proposés, on peut ajouter : «Chère Pauline» (amical), «Ma chère Pauline» (très amical), «Salut Pauline» (familier), «Cher client», «Maître» (à un avocat), etc.

Dans la correspondance *traditionnelle* française, on ne précise pas le nom du destinataire dans le titre de civilité : Madame ~~Dupont~~. Cette exigence semble ne plus avoir cours.

2. Je commence souvent par me référer à quelque chose

La rédaction d'un courrier professionnel comporte plusieurs étapes : on ne doit pas tout vouloir dire à la fois dès la première phrase. Dans la première phrase, on se contente de faire référence à ce qui s'est passé, qui est à l'origine du courrier.

Exemples:

- Je fais suite à notre entretien téléphonique du 3 mars (au cours duquel vous m'avez informé de/ que...).
- Le 27 juillet dernier, j'ai voyagé sur le vol AF 1834 de Paris à Berlin.
- Nous nous référons à la facture TF69505 du 23 avril que nous vous avons le 18 mars.

- La correspondance professionnelle exige de la précision, laquelle s'exprime le plus souvent par des chiffres et par des dates. **3. Je dis que j'informe.**

Au lieu de « Je vous informe que notre restaurant ouvrira… », on peut écrire, plus simplement : « Notre restaurant ouvrira… ».

5. Je formule ma demande.

« Je vous prie de bien vouloir… » est une formule formelle, mais assez courante. L'interrogation directe (« Pourriez-vous… ? »), fréquemment utilisée dans les mails, est plutôt informelle (mais pas familière).

6. J'annonce un envoi.

Si la pièce n'est pas jointe au mail et si elle est envoyée séparément, on écrit « sous pli séparé ». On plie une feuille pour en faire une enveloppe, ou une feuille cartonnée pour en faire un colis. Dans les deux cas, enveloppe ou carton, il s'agit d'un pli : « Nous vous envoyons les échantillons sous pli séparé. »

7. Je manifeste de l'intérêt, je dis mon intention.

Remarquer que les expressions « être intéressé par » et « s'intéresser à » sont suivies d'un substantif et non d'un verbe. On pourrait traduire « *I am interested in doing…* » par « Je souhaiterais faire… ».

8. J'exprime l'obligation, la possibilité ou l'impossibilité.

Quand on répond négativement à une demande, quand on annonce une mauvaise nouvelle, on est « dans l'impossibilité de » ou « obligé de ». Par exemple, « Je suis dans l'impossibilité de vous accorder ce délai de paiement. »

9. J'accepte

Attention, la correspondance professionnelle utilise des expressions figées qu'il est difficile et risqué de remplacer. On ne peut pas écrire : « Je suis content / ravi /enchanté de… ». Il faut écrire : « Je suis heureux de… », c'est la formule consacrée. Les étudiants doivent donc faire les exercices proposés en utilisant les termes et expressions proposés dans les tableaux, et seulement ceux-là.

10-11. Conclusion et salutation

La formule de conclusion précède les salutations. Comme on termine un entretien par « Merci. Au revoir », on peut terminer un mail par « Merci par avance. Cordialement ». Les salutations formelles (tel que « Veuillez recevoir… ») sont de moins en moins utilisées.

Les expressions de la communication téléphonique

Corrigé

A. 1. Qui dois-je annoncer ? – **2.** Un instant, je vous prie. – **3.** Je crois que vous faites erreur. – **4.** Ce sera long. – **5.** Entendu, je rappelle.

B. 2 : Elle est en réunion… – **4** : Essayez dans une heure. – **1** : Bonjour, c'est Caroline… – **5** : Très bien, je rappellerai… – **3** : C'est personnel…

C. Je ne *suis* pas *au* 01 45 22 28 ?

– Non, ici, c'est *le* 22 29.

– Nous avons été **coupés**.

– C'est ma faute, j'ai *raccroché* par erreur.

D. Bonjour, monsieur. Je souhaiterais **parler** à madame Hoffmann.

– C'est **de la part de qui** ?

– Mathieu Gaillard, **de** la société Ixtel.

– Ne **quittez** pas, monsieur, je vous mets **en ligne**.

– Je **regrette**, monsieur Gaillard, mais son **poste** est occupé. Voulez-vous **patienter** ?

– Pouvez-vous lui **demander** de me **rappeler** plus tard ?

– Certainement, monsieur Gaillard. Est-ce qu'elle a **votre numéro** ?

E. *Proposition*

1. Pouvez-vous épeler, s'il vous plaît ? – **2.** C'est à quel sujet ? – **3.** Ne quittez pas, je vous le passe. – **4.** Pourriez-vous rappeler demain ? – **5.** Pourriez-vous répéter plus lentement, s'il vous plaît ?

F. *Proposition* :

1. B ou P ? – **2.** Pourrais-je parler à Jacques, s'il vous plaît ? – **3.** Pourriez-vous parler un peu plus fort, s'il vous plaît ? – **4.** Voulez-vous lui laisser un message ? – **5.** Je ne suis pas dans la société Ixtel ? – **6.** En quoi puis-je vous être utile ? – **7.** Je ne suis pas au service du personnel ?

G. 2. #

GROS PLANS...

1. La génération numérique

A. Entrée en matière, page 118

Activité 1, page 118

Suggestions
- Les étudiants débattent collectivement. Le professeur a un rôle d'animateur. Il suscite les réactions, reformule, récapitule les avis, évite de donner le sien.

Activité 2, page 118

Suggestions
- Exercice individuel.
- Correction collective.

Corrigé *(Proposition)*
D'après Antoine Girard :
1. *Les jeunes sont plus méfiants que ne l'étaient leurs parents* : ils se méfient des entreprises.
2. *Ils sont moins naïfs* : ils savent que les entreprises veulent faire du profit et qu'elles ne s'intéressent pas à leurs vies.
3. *Ils sont moins loyaux* : les plans carrière ne les séduisent pas particulièrement, ils sont prêts à aller à la concurrence s'ils n'obtiennent pas ce qu'ils veulent.
4. *Ils sont plus efficaces que les seniors* : ils manient mieux les nouvelles technologies, ce sont eux qui expliquent aux seniors quoi faire et comment le faire.
5. *Ils modifient l'organisation de l'entreprise* : ils bouleversent les hiérarchies.
6. *Ils sont moins dociles* : contrairement à leurs parents, ils n'obéissent pas aveuglément à leurs chefs.

B. Vidéoconférence, page 119

Suggestions

> **Pour les activités portant sur les vidéoconférences**
> - Suivre précisément les consignes.
> - Les étudiants lisent les consignes *et* les questions qui suivent.
> - Avant de regarder la vidéo, ils essayent de répondre aux questions.
> - Les questions préparent l'écoute.
> - Les étudiants écoutent et prennent des notes.
> - Faire les activités une à une. Correction collective après chaque activité
> - Certaines activités soulèvent des questions et peuvent donner lieu à des explications complémentaires et à des discussions.
> - Compte rendu final à rédiger individuellement (à la maison). Correction individualisée. Proposer un corrigé. Cette activité est calquée sur l'une des épreuves du diplôme de français professionnel, niveau B2, de la Chambre de Commerce de Paris Île-de-France (écoute suivie de la rédaction d'un compte rendu).

Activités 1, 2, 3, et 4, page 119

Corrigé

1. Des jeunes de leur époque
   1. *Quel est le point de vue des jeunes Européens sur l'écologie et sur l'Europe ?* Ils s'intéressent à l'écologie beaucoup plus que leurs parents. Ils se sentent plus européens que leurs parents.
   2. *Tous ont-ils le même point de vue ?* Non, tous les jeunes ne se ressemblent pas. Les jeunes des classes populaires sont plus sédentaires (que les jeunes de classes plus favorisées) et restent nationalistes.

2. La génération Y au travail
   a. *Pourquoi appelle-t-on cette génération la « génération Y » ?* Y est prononcé « why », comme en anglais. La génération « why » veut comprendre ce qu'on lui demande. Elle veut savoir pourquoi : pourquoi je travaille, pourquoi on me demande de faire ça, et pourquoi pas ça, etc.
   b. Ces jeunes-là, dit-on, plus exigeants que leurs aînés, **voudraient** plus de liberté, de flexibilité et d'autonomie. Ce faisant, ils **désorganiseraient** les entreprises et **constitueraient** une menace pour l'entreprise.
   c. Stéphanie Weber utilise le conditionnel pour exprimer ses doutes.

3. Le péril jeune
Pour Stéphanie Weber, le « péril jeune » n'existe pas. Les **consultants** ont inventé ce concept pour se donner du **travail**. Aucune étude **scientifique** n'a jamais démontré qu'il existait un quelconque péril jeune.

4. Un faux concept
   1. *Les jeunes pensent-ils et se comportent-ils différemment de leurs aînés ?* Il y a toujours une composante générationnelle dans les comportements

et les représentations. Un jeune de 20 ans n'a évidemment pas le même regard sur la vie ou sur le travail qu'une personne de 40 ou 50 ans
2. *L'origine géographique a-t-elle une influence sur le comportement des jeunes ?* Oui, le pays ou la région d'où vous venez et où vous avez grandi influent grandement sur le comportement.
3. *Quelles autres particularités influent sur le comportement des jeunes ?* La classe sociale et les études ont une forte influence. Un jeune étudiant issu d'un milieu bourgeois, qui a voyagé et qui parle plusieurs langues n'a pas le même regard sur les choses qu'un apprenti ouvrier.
4. *Est-il vrai, par exemple, que les jeunes d'aujourd'hui souhaiteraient changer d'employeur si le travail ne leur convient pas ?* C'est vrai, mais c'est le cas de tout le monde, pas seulement des jeunes. Chercher un autre emploi quand le vôtre ne vous plaît pas n'est pas propre à une génération.
5. *Les conflits intergénérationnels sont-ils plus exacerbés aujourd'hui qu'hier ?* Non, les conflits intergénérationnels ont toujours existé,

5. Compte rendu *(Proposition)*

Compte rendu de la conférence de Stéphanie Weber sur la génération numérique

1. Les jeunes et leur époque

Les jeunes d'aujourd'hui adoptent les valeurs et les technologies de leur époque. Ainsi s'intéressent-ils plus à l'écologie que leurs parents. Les jeunes Européens sont aussi plus européens que leurs parents, du moins les jeunes qui voyagent. Car les autres, issus des classes populaires et plus sédentaires, restent assez nationalistes.

2. La génération Y au travail

On dit de la génération numérique qu'elle est la « génération Y », le *Y* pouvant se prononcer *« why »*, comme en anglais *« Y »*. La génération Y veut savoir pourquoi : pourquoi elle travaille, pourquoi elle doit faire ceci et pourquoi pas cela. Ces jeunes-là, dit-on, seraient plus exigeants que leurs aînés, ils aspireraient à plus de liberté et d'autonomie et, au final, menaceraient l'organisation des entreprises.

3. Le péril jeune

Pour certains, les jeunes d'aujourd'hui représenteraient un danger pour l'entreprise. Toutefois aucune étude scientifique n'a jamais démontré qu'il existait un quelconque péril jeune. Les consultants ont inventé ce concept pour se donner du travail. La vérité est que ce prétendu « péril jeune » n'existe pas.

---

4. La génération Y, un faux concept

Certes, les jeunes pensent et se comportent différemment de leurs aînés. Toutefois, la classe sociale, le niveau d'étude, les territoires (le pays, la région) ont plus d'influence sur le comportement que l'appartenance à une génération. Il n'y a pas *une* jeunesse, mais *des* jeunesses. On dit, par exemple, que les jeunes d'aujourd'hui souhaiteraient changer d'employeur si le travail ne leur convient pas, mais c'est le cas de tout le monde, pas seulement des jeunes. Bref, les conflits intergénérationnels ne sont pas plus exacerbés aujourd'hui qu'hier et ce débat sur la génération Y est un faux débat.

2. Le nom de marque

A. Entrée en matière, page 120

Activité 1, page 120

Suggestions
- Organiser une discussion.
- Noter ce qui se dit. Puis récapituler.

Pour votre information

On dit généralement qu'un bon nom de marque doit être :
- distinctif : il se différencie de la concurrence ;
- sans connotation négative : le nom est associé à des valeurs positives ;
- être pérenne : pour résister aux modes ;
- facile à prononcer ;
- court et mémorisable : plus il est court, plus il sera facilement mémorisé. (Toutefois des noms comme « La Vache qui rit » ou « Häagen-Dazs » ont été bien adoptés).
- être disponible juridiquement : la marque ne doit pas avoir été déjà déposée.

Activité 2, page 120

Suggestions
- Les étudiants font l'exercice individuellement.
- Correction collective.

Corrigé

a. Twenga veut dire « droit au but ». Les fondateurs ont trouvé le nom dans un dictionnaire de swahili. Pourquoi un nom en swahili ? Pour des raisons affectives. Bastien Duclaux avait voyagé en Afrique australe et il avait aimé la région.

b. Le nom est court, la sonorité est agréable et dynamique. La signification est en phase avec le projet d'entreprise : « droit au but » reflète l'objectif de la société, qui est de faciliter l'achat sur Internet. Le logo symbolise la rapidité avec laquelle le consommateur peut trouver le produit.

B. Vidéoconférence, page 121

Corrigé

1. Bien choisir le nom de marque

2 Les moteurs de recherche comme Google sélectionnent et reprennent votre nom.

1 Les prospects retiennent d'abord votre nom.

4 Il est difficile de changer de nom.

3 Le nom vous positionne par rapport à vos concurrents.

2. Le nom et le produit

• Mystère ou… Tricoti ? Mathieu Dumas semble préférer Mystère.

	Mystère	**Tricoti**
Avantages	Le nom est facile à mémoriser. Il est désirable, sympathique. C'est une marque forte.	Le nom évoque explicitement le produit (les tricots).
Inconvénients	Le nom n'a pas de rapport avec le produit (les tricots). Il nécessite donc un gros travail de communication.	À long terme, le nom est moins facile à mémoriser.

3. Le dépôt du nom de marque

Le dépôt du nom de marque sert à protéger le nom. Il ~~est~~ **n'est pas** obligatoire. En France, c'est l'INPI (Institut national de la propriété industrielle) qui enregistre les dépôts de marque. Il y a ~~35~~ **45** classes de produits. On peut inscrire sa marque dans ~~une seule classe~~ **trois classes différentes**. Le dépôt de marque coûte environ 300 euros. La protection est de dix ans. Elle est renouvelable ~~une seule fois~~ **indéfiniment**. Un dépôt de marque à l'INPI protège la marque ~~dans le monde entier~~ **seulement en France**. On peut aussi déposer un slogan.

4. Le nom de domaine

a. Il est permis de déposer un nom de domaine. D'après Mathieu Dumas, c'est même indispensable.

b. 1. Vous devez vérifier la **disponibilité** de votre nom de domaine.

2. Il faut trouver un nom qui est beaucoup **recherché** et pour lequel il n'y a pas trop de **concurrence**.

c. Si le nom de domaine que vous avez choisi est déjà pris, vous pouvez essayer de le racheter à son propriétaire.

5. Compte rendu *(Proposition)*

Compte rendu de l'exposé de Mathieu Dumas sur le nom de marque

1. L'importance de la marque

Il est important de bien choisir son nom de marque pour les quatre raisons suivantes :

1. Les prospects entendent et retiennent d'abord votre nom.
2. Les moteurs de recherche comme Google sélectionnent et reprennent votre nom.
3. Le nom vous positionne par rapport à vos concurrents.
4. Si on s'est trompé, il est difficile de changer de nom.

Pour qui veut vendre à l'étranger, le nom doit pouvoir se prononcer facilement et avoir un sens positif dans toutes les langues.

2. Le nom et le produit

Le nom de marque doit-il ou non évoquer clairement le produit ? Avec un nom qui évoque le produit, le concept est inclus dans le produit et la communication sera donc plus facile. Mais à long terme, un nom qui n'évoque pas le produit sera plus facile à mémoriser. C'est le signe d'une marque désirable, sympathique et forte.

3. Le dépôt du nom de marque

Le dépôt du nom de marque sert à protéger le nom. Il n'est pas obligatoire, mais il est vivement conseillé. En France, c'est l'INPI (Institut national de la propriété industrielle) qui enregistre les dépôts de marque. Il y a 45 classes de produits. On peut inscrire sa marque dans trois classes différentes, le dépôt de marque coûte environ 300 euros. La protection est de dix ans et elle est renouvelable indéfiniment. Un dépôt de marque à l'INPI protège la marque en France seulement. On peut aussi déposer un slogan.

4. Le nom de domaine

Comme pour un nom de marque, il est vivement recommandé de déposer un nom de domaine. Il convient alors de vérifier la disponibilité du nom. Si le nom n'est pas disponible, on peut essayer de le racheter à son propriétaire. Il faut trouver un nom qui soit beaucoup recherché et pour lequel il n'y ait pas trop de concurrence.

3. Le télétravail

A. Entrée en matière, page 122

Activité 1, page 122

Suggestions
- Discussion collective.
- Susciter des réponses à partir d'expériences personnelles.
- À la fin, résumer ce qui a été dit : lister les avantages et les inconvénients du télétravail qui ont été mentionnés.

Activité 2, page 122

Suggestions
- Les étudiants font l'exercice à deux.
- Correction collective.

Corrigé *(Proposition)*
a. Les quatre résumés proposés sont imparfaits.
1. *Dans les années 70, Jack Nilles pensait que le télétravail présentait tellement d'avantages pour la société et les entreprises qu'il finirait par s'imposer.*
Le résumé devrait préciser que Jack Nilles est un ingénieur américain. Il oublie également de préciser que le télétravail présente aussi des avantages, non seulement pour la société et les entreprises, mais aussi pour les salariés. Il oublie enfin et surtout la seconde idée, essentielle, de l'article : à savoir, que malgré ses nombreux avantages, le télétravail, quarante ans après Nilles, s'est finalement peu développé.
2. *Le télétravail présente de nombreux avantages pour les salariés. Il n'est donc pas étonnant qu'il soit devenu la norme aujourd'hui.*
Le résumé oublie de préciser que le télétravail présente aussi des avantages pour la société et les entreprises. Il énonce surtout une contre-vérité : non, le télétravail n'est pas devenu la norme. Bien au contraire : il ne concerne aujourd'hui qu'un petit nombre de salariés.
3. *Bien que le télétravail présente quelques avantages, il ne concerne qu'un très petit nombre de travailleurs.*
Ce résumé dit vrai, mais il ne restitue qu'une partie du message de l'article, qui est en deux temps :
   1. Jack Nilles pensait que le télétravail se développerait.
   2. Le télétravail ne s'est pas développé comme prévu.
4. *Dans les années 1970, on pensait que le télétravail deviendrait la norme dix ou vingt ans plus tard. Mais il ne s'est pas développé comme on l'espérait car les salariés préfèrent aller au bureau.*
Ce résumé oublie de préciser que le télétravail présente de nombreux avantages. De plus, il apporte des informations qui ne sont pas contenues dans l'article, car l'article ne dit nulle part que les salariés préfèrent aller au bureau.

b. *Résumé* : Dans les années 1970, Jack Nilles, un ingénieur américain, pensait que le télétravail présentait tellement d'avantages pour la société, les entreprises et les salariés qu'il finirait par devenir la norme. Mais quarante ans plus tard, on constate qu'il s'est encore peu développé.

B. Vidéoconférence, page 123

Corrigé

1. Les avantages du télétravail
Exercice b
La conférencière cite un avantage pour les salariés : le télétravail leur apporte une liberté qu'ils apprécient. Elle cite deux avantages pour l'entreprise :
1. Les salariés sont plus productifs chez eux qu'au bureau.
2. Les entreprises peuvent économiser environ 15 % du salaire quand un salarié ne travaille pas dans leurs locaux.

2. Le télétravail se développe peu.
Exercice b
Pourquoi le télétravail se développe-t-il peu ? Pour la conférencière, trois raisons au moins expliquent pourquoi le télétravail se développe peu :
1. Les salariés ne sont pas enthousiastes. Pour eux, l'entreprise n'est pas seulement un lieu de travail, c'est aussi un lieu de rencontre et ils ont peur de rester isolés.
2. Le télétravail ne permet pas de mesurer le temps de travail alors que, juridiquement, on calcule la rémunération selon le temps de travail.
3. Beaucoup de managers ne veulent pas du télétravail parce qu'il révolutionne l'organisation de l'entreprise. Pour la conférencière, cette troisième raison est de loin la plus importante.

3. Les évolutions du télétravail
Exercice c
Les managers continuent à se rendre au bureau et ne travaillent qu'une partie du temps en dehors du bureau. Munis de leur portable, ils peuvent travailler partout. La frontière entre vie professionnelle et vie personnelle disparaissant, le télétravail est devenu une source de stress. Certains se sentent même coupables ou inquiets quand ils ne travaillent pas et ont du mal à s'arrêter de travailler.

4. En conclusion...
1. Le télétravail est né d'une révolution **technologique**, mais c'est surtout une révolution **culturelle** et les **mentalités** ne sont pas encore prêtes.
2. L'arrivée de **jeunes** sur le marché du *travail* pourrait devenir un **facteur** déterminant dans le **développement** du télétravail.

5. Compte rendu *(Proposition)*

Compte rendu de l'exposé de Sabrina Levy sur le télétravail

1. Le télétravail a des avantages.
Le télétravail présente des avantages aussi bien pour les salariés que pour les entreprises. Aux salariés, il apporte une certaine liberté. Comme il est avéré que les salariés sont plus productifs à la maison qu'au bureau, le télétravail profite aussi aux entreprises. De plus, comme les salariés travaillent chez eux, les entreprises peuvent réaliser des économies de locaux.

2. Le télétravail se développe peu.
Trois raisons expliquent que le travail soit peu utilisé. La première tient à l'inquiétude des salariés, qui ont peur de s'isoler de leur milieu professionnel. La deuxième raison est d'ordre juridique: le télétravail ne permet pas de mesurer le temps de travail, alors que la rémunération dépend juridiquement du temps de travail. La troisième raison est la plus importante: les managers ne veulent pas du télétravail, car il engendre une véritable révolution dans l'organisation de l'entreprise.

3. Le télétravail a évolué.
Aujourd'hui, les managers travaillent une partie du temps à distance. Munis de leur portable, ordinateur ou téléphone, ils peuvent travailler partout et ont du mal à séparer vie professionnelle et vie privée. Au lieu de leur apporter de l'indépendance et de la satisfaction, le télétravail est ainsi devenu un facteur de stress – au point que certains managers se sentent coupables quand ils ne travaillent pas.

4. En conclusion.
Le télétravail est né d'une révolution technologique, mais c'est aussi et surtout une révolution culturelle et les mentalités ne sont pas encore prêtes. Cependant, l'arrivée de jeunes sur le marché du travail pourrait devenir un facteur déterminant dans son développement.

---

4. L'industrie du luxe

A. Entrée en matière, page 124

Activités 1 et 2, page 124
Suggestions
- Activité 1 – Les étudiants répondent et débattent collectivement. Cette activité prépare la lecture de l'article.
- Activité 2 – Les étudiants répondent à deux. Puis correction collective.

Corrigé
Activité 2
1. Pour l'auteur de l'article, une marque de luxe est une marque qui «fabrique sur place, dans la grande tradition artisanale et en utilisant les matériaux les plus précieux, des objets uniques ou rares, d'une extrême qualité, donc très chers, destinés aux happy few.»
2. L'auteur de l'article pense que les marques ont tué le luxe. Elle ne voit pratiquement plus de différences entre un produit de grande consommation et un produit de luxe.
   – *La fabrication*: comme on le fait pour les produits de grande consommation, les marques fabriquent des produits en série, standardisée, à bas coût.
   – *La communication*: les marques recourent au matraquage publicitaire et utilisent tous les médias disponibles: presse, radio, télévision, affichage, Internet.
   – *La distribution*: les produits de luxe sont distribués aux masses à grande échelle, notamment par l'intermédiaire du commerce électronique.
   – *La clientèle*: le luxe s'adresse maintenant au grand public, tout le monde peut acheter du luxe, notamment en ligne.

B. Vidéoconférence, page 125
Corrigé
1. La demande
Le luxe s'est beaucoup **démocratisé**. Auparavant, il était **réservé** à une **clientèle** extrêmement **réduite** très **fortunée**. Aujourd'hui, presque tout le monde achète des **parfums**, eaux de toilette ou sacs à main de luxe. La différence, c'est que les gens «ordinaires» consomment du luxe de façon **exceptionnelle**.

2. Le produit
Au contraire d'un produit de grande consommation, un produit de luxe ne vise pas à répondre aux besoins des

consommateurs. Le marketing de luxe est un marketing de l'offre: un créateur, comme Yves Saint Laurent, propose un produit de sa création, il ne cherche pas à répondre à une demande ou à un besoin précis, c'est lui, le créateur, qui a l'initiative.

3. Le prix
Exercice b
Selon la conférencière, le prix d'un produit de luxe n'est pas fixé en fonction de la concurrence, car le consommateur ne compare pas les produits de luxe, tels les parfums, entre eux. Le prix n'est pas non plus fixé en fonction de son coût de fabrication car le consommateur ne s'interroge pas sur les ingrédients utilisés. La relation entre le prix du produit et les coûts de production est encore plus distante dans le luxe que pour les produits banalisés. Le luxe vend du rêve, et le rêve n'a pas de prix.

4. La distribution
1. *Nombre des points de vente et réseaux de distribution.* Par nature, un produit de luxe est rare. Les produits de luxe doivent donc être vendus dans un petit nombre de magasins sélectifs. Il ne faut pas mettre en place un grand réseau de distribution.
2. *Emplacement des points de vente.* Il compte beaucoup, plus que la surface. Le magasin doit être situé dans un quartier chic.
3. *Méthodes de vente: quel type de vente et quelle promotion faut-il éviter?* Il faut éviter la vente en libre-service, avec des promotions agressives. Le magasin doit dégager une certaine atmosphère et les vendeurs doivent être affables, compétents, attentifs.

5. Compte rendu *(Proposition)*

> **Compte rendu de l'exposé d'Audrey Guillon sur l'industrie de luxe**
>
> **1. La demande**
> Le luxe s'est beaucoup démocratisé. Auparavant, il était réservé à une clientèle réduite et fortunée. Aujourd'hui, presque tout le monde achète des parfums, des eaux de toilette ou des sacs à main de luxe, mais de façon exceptionnelle.
>
> **2. Le produit**
> Au contraire d'un produit de grande consommation, un produit de luxe ne vise pas à répondre aux besoins des consommateurs. Le marketing de luxe est un marketing de l'offre: le créateur propose un produit de sa création, il ne cherche pas à répondre à une demande ou à un besoin précis.
>
> **3. Le prix**
> Le prix d'un produit de grande consommation est fixé par rapport aux prix de la concurrence. Dans le luxe, au contraire, on ne fixe pas un prix en fonction de la concurrence. Par exemple, avant d'acheter le parfum d'une grande marque de luxe, le consommateur ne le compare pas à d'autres parfums. Par ailleurs, il y a très peu de relations entre le prix de vente d'un produit de luxe et son coût de fabrication. Le luxe vend du rêve, et le rêve n'a pas de prix.
>
> **4. La distribution**
> Par nature, un produit de luxe est rare. Les réseaux de distribution sont donc peu développés et les points de vente, peu nombreux. Les produits de luxe sont vendus dans des magasins sélectifs, situés dans des quartiers chics. On ne pratique pas le libre-service, il n'y a pas de promotion agressive. Les vendeurs doivent être particulièrement compétents et attentifs.

5. Le commerce en ligne

A. Entrée en matière, page 126

Suggestions
- Activité 1: Les étudiants répondent au Vrai-Faux collectivement. Cette activité prépare la lecture de l'article.
- Activité 2: Les étudiants répondent à deux. Puis correction collective.

Activité 1, page 126
Corrigé
1. D'après l'article, le commerce en ligne est un commerce de niche, qui ne concerne que 8 % du chiffre d'affaires du commerce de détail et qui, à de rares exceptions près, ne dégage pas de bénéfice. Car contrairement à ce que pensent les commerçants traditionnels, vendre par Internet nécessite de gros investissements et coûte cher. Ces investissements sont difficiles à rentabiliser.
2. D'après l'article, les *pure players* seraient en perte de vitesse. À l'avenir, il faut plutôt s'attendre à une fusion du commerce traditionnel « en dur » et du commerce en ligne, les deux se complétant.
3. *Quelle est la phrase la plus importante de l'article?* Proposition: « Plutôt qu'une explosion des parts de marché du commerce en ligne, on assiste à une convergence

entre le commerce traditionnel et le commerce en ligne.»
(Première phrase du troisième paragraphe.)

B. Vidéoconférence, page 127
<u>Corrigé</u>
1. Un site attirant
D'après Mathieu Dumas :
1. *Pour attirer l'attention des visiteurs, les pages du site doivent nécessairement être originales* : FAUX. La page d'accueil de votre site est très importante, mais elle n'a pas besoin d'être originale, il faut qu'elle soit agréable et qu'elle donne envie de consulter le site.
2. *On peut créer un site en utilisant un modèle tout fabriqué disponible sur Internet. Ces modèles sont de bonne qualité* : VRAI. Et ils sont aussi bon marché.
3. *La création d'un site demandant peu de compétences techniques, il est inutile de recourir à un professionnel* : FAUX. Mathieu Dumas conseille au contraire de s'adresser à un professionnel. Créer un site et ensuite le maintenir demande des compétences et un savoir-faire technique qui ne sont pas à la portée de tout le monde.

2. Un site informatif
D'après Mathieu Dumas, il n'est pas important, il est même néfaste de raconter l'histoire de l'entreprise. Le client veut des informations et rien que des informations.

3. Un client confiant
Selon Mathieu Dumas, le client attache de l'importance :
1. à la qualité du **produit** ;
2. à la sécurité du **paiement** ;
3. à l'efficacité de la **livraison**.

4. Une logistique au point
Pour **fidéliser** vos clients, la logistique est primordiale : il faut une très bonne **organisation** de façon à ce que les produits soient **livrés** en **bon** état et dans les **délais**.

5. Compte rendu *(Proposition)*

Compte rendu de l'exposé de Mathieu Dumas sur la création d'un site en ligne

1. Un site agréable à regarder.
Pour qu'un visiteur reste sur votre site, les pages n'ont pas besoin d'être originales, mais elles doivent être agréables à regarder. On peut créer un site en utilisant l'un des nombreux modèles tout fabriqués disponibles sur Internet. Ces modèles sont bon marché et de bonne qualité. La création et l'entretien d'un site demandant des compétences techniques, il est recommandé de recourir aux services d'un professionnel.

2. Qui donne des informations.
Un client recherche des informations et, pour qu'il achète, le site doit lui en apporter. Il est inutile, voire néfaste, de raconter l'histoire de l'entreprise ou de présenter ses atouts ou ses compétences.

3. Qui inspire confiance.
Pour passer commande rapidement, le client doit avoir confiance, notamment dans la qualité des produits, dans la sécurité du paiement et dans la rapidité de la livraison.

4. Une logistique au point.
La logistique est primordiale : il faut une très bonne organisation de façon à ce que les produits soient livrés en bon état et dans les délais convenus.

---

6 L'avenir de l'automobile

A. Entrée en matière, page 128
<u>Suggestions</u>
- Exercice individuel.
- Correction collective

<u>Corrigé</u>
1. Les trois fonctions de l'automobile :
  1. C'est un instrument utile : la voiture sert à se déplacer.
  2. C'est un objet social : elle permet d'afficher son statut social.
  3. C'est une extension de son domicile : dans sa voiture, on est chez soi.

2. Si on vend de plus en plus d'automobiles en Chine, c'est parce que l'importance de l'automobile dans un pays dépend étroitement du niveau de développement de ce pays. Les ventes d'automobiles en Chine augmentent à la même vitesse que le développement du pays, c'est-à-dire très rapidement.

3. La voiture n'est pas la bienvenue dans de plus en plus de villes d'Europe, qui la proscrivent lentement de leurs rues : interdiction en centre-ville, péages urbains, zones réservées aux véhicules électriques, bannissement des vieilles voitures polluantes, etc.

4. La voiture autonome pourrait apporter les changements suivants :
  – Côté usagers, «le développement de la voiture autonome va transformer les comportements des automobilistes. Certes, on achètera encore une

voiture particulière pour un usage familial. Mais pour le reste, on utilisera une application mobile pour louer une voiture à une entreprise de transport, laquelle vous enverra un véhicule sans chauffeur à la porte de votre domicile. »
- Côté constructeurs, « l'avènement de la voiture autonome va transformer l'industrie automobile. Dans moins de dix ans, les deux tiers du chiffre d'affaires proviendront des logiciels, de la télématique et des systèmes de sécurité. La voiture elle-même, produite par les constructeurs et les équipementiers, ne pèsera plus que le dernier tiers. Des entreprises comme Google et Apple seront arrivées en force sur le marché, au moins comme prestataires de services Internet, et les ventes des marques traditionnelles pourraient alors chuter drastiquement. »

B. Vidéoconférence, page 129
Corrigé
1. Les prévisions de ventes
D'après le conférencier, les ventes de voitures dans le monde vont globalement continuer à augmenter dans le monde et pendant encore longtemps. Toutefois cette augmentation sera uniquement le fait des pays en voie de développement, comme la Chine ou l'Inde, dans lesquels le potentiel de développement est énorme. Le besoin en automobiles se fera sentir à mesure que ces pays s'enrichiront.

2. Le problème de la sécurité.
1. Un million (1 000 000) de personnes dans le monde meurent chaque année dans un accident de voiture.
2. Les « morts de guerre » dont parle Mathieu Dumas sont des personnes jeunes et en bonne santé.
3. Les voitures ne sont pas plus dangereuses aujourd'hui. Au contraire. Les constructeurs ont considérablement amélioré les dispositifs de sécurité et les voitures sont de plus en plus sûres.
4. Les piétons, les cyclistes, les motards sont les principales victimes des accidents automobiles.
5. D'après Guillaume Bouvier, on peut améliorer la sécurité routière en mettant en place des règles de circulation très strictes, comme des limitations de vitesse. C'est aux autorités publiques qu'il appartient de prendre de telles mesures.

3. Le problème de l'espace
Pour limiter l'usage de la voiture dans les villes, Guillaume Bouvier propose les quatre moyens suivants :
1. Développer les transports en commun (métro, bus, tramway).
2. Encourager les transports alternatifs (comme la bicyclette).
3. Rendre la circulation dans les villes difficiles (favoriser les embouteillages, compliquer le stationnement).
4. Concevoir des villes sans voitures.

4. L'automobile, facteur de pollution
1. L'automobile rejette des *gaz toxiques* dans l'*atmosphère*.
2. D'un point de vue *technique*, on sait réduire la pollution à un niveau *acceptable*.
3. La pollution est le fait des voitures âgées. Le problème sera résolu dans une *vingtaine d'années* quand le *parc automobile aura été complétement renouvelé*.

5. Compte rendu (Proposition)

Compte rendu de l'exposé de Guillaume Bouvier sur l'avenir de l'automobile

1. Les prévisions de vente
Les automobiles permettent de se déplacer facilement. Pour cette raison, elles sont irremplaçables et continueront donc à bien se vendre dans le monde. Il faut toutefois distinguer les pays riches et les pays en voie de développement. C'est dans les pays en voie de développement, où la voiture est un marqueur social, que les ventes exploseront. Dans les pays riches, les ventes se contenteront de stagner.

2. Le problème de la sécurité
Chaque année dans le monde, un million de personnes meurent dans un accident de voiture. Tels les morts de guerre, ce sont des personnes jeunes et en bonne santé. Les voitures étant de plus en plus sûres, elles protègent de mieux en mieux le conducteur et ses passagers. Les victimes, ce sont les autres, comme les piétons et les cyclistes. Pour mieux les protéger, les autorités publiques doivent mettre en place des règles de circulation très strictes.

3. Le problème de l'espace
Les automobiles prennent beaucoup de place. Il faut limiter l'usage de la voiture dans les villes en encourageant les transports en commun (métro, bus, tramway) ou la bicyclette, en rendant la circulation difficile (embouteillages, stationnement limité), en concevant des villes sans voiture.

4. L'automobile, facteur de pollution
L'automobile rejette des gaz toxiques dans l'atmosphère. Techniquement, on sait réduire la pollution à un niveau acceptable, et la pollution est aujourd'hui le fait des voitures âgées. Le problème sera résolu quand le parc automobile aura été entièrement renouvelé.

Test de connaissances du monde des affaires

1. Complétez.
- Les entreprises *produisent* et vendent des *biens* et/ou des services dans un but *lucratif*.
- Les ménages satisfont leurs *besoins* en *consommant*.
- L'État rend des services *publics* et redistribue les *revenus*.

2. Un ouvrier est un travailleur indépendant. Vrai ou faux ?
- ☒ **c.** Ça dépend. Un artisan qui travaille pour son propre compte est un travailleur indépendant. Un ouvrier qui travaille pour un employeur (société ou personne physique) est un salarié

3. Paul est ouvrier. Est-ce qu'il travaille dans le secteur secondaire ?
c. Ça dépend. L'appartenance à un secteur dépend de l'activité de l'entreprise :
- Si Paul ramasse les fraises dans une exploitation agricole, il travaille dans le secteur primaire.
- S'il travaille sur la chaîne de fabrication d'un constructeur automobile : secteur industriel.
- S'il est ouvrier mécanicien dans une entreprise de transport privée : secteur tertiaire marchand.
- S'il est menuisier à la mairie de Paris : secteur tertiaire non marchand.

4. Les prélèvements obligatoires représentent les cotisations sociales obligatoirement payées aux administrations publiques et :
- ☒ **b.** tous les impôts.

5. Citez trois autres moyens de financer un investissement :
1. L'augmentation de capital.
2. *L'emprunt bancaire.*
3. *L'autofinancement.*
4. *Le crédit-bail.*

6. Un actionnaire :
- ☒ **c.** apporte des capitaux (à la société)

7. Vous avez placé vos économies sur un compte d'épargne bancaire, qui vous rapporte depuis cinq ans 3,5 % par an. Que recevez-vous ?
- ☒ **b.** Des intérêts.
Les dividendes sont une partie des bénéfices réalisés par l'entreprise, attribuée à chaque associé. En comptabilité, les profits sont les bénéfices réalisés par l'entreprise.

8. La standardisation de la production permet :
- ☒ **b.** de diminuer les coûts de fabrication

9. Le service juridique est un service :
- ☒ **b.** administratif

10. Comment appelle-t-on les deux parties au contrat de travail ?
- L'*employeur*
- Le *salarié*

11. Au cours d'une réunion, Pauline, la secrétaire de séance, prend des notes. Ces notes lui serviront à rédiger :
- ☒ **a.** un compte rendu (de réunion).
Le compte rendu, le rapport ou la note de service ont des caractéristiques différentes. Le compte rendu rend compte objectivement de ce qui s'est passé. Le rapport analyse un problème et propose des solutions. La note de service peut soit donner un ordre ou des consignes pour l'exécution d'une tâche, soit simplement transmettre une information.

12. Quels sont les grands moyens d'action du marketing ?
- ☒ **b.** Produit, prix, distribution, communication.
Clients, concurrents, distributeurs sont des agents du marché. Lancement, croissance, maturité, déclin sont les quatre phases du cycle de vie d'un produit. Presse, affichage, radio, Internet sont des médias de masse utilisés par l'entreprise pour faire la publicité d'un produit.

13. « *Il doit être simple, désirable, original, crédible* », explique le directeur du marketing. De quoi parle-t-il ?
- ☒ **c.** Du positionnement d'un produit.

14. La distribution d'échantillons gratuits est une opération :
- ☒ **b.** promotionnelle.
La promotion est une stratégie « *push* », qui consiste à « pousser » le produit vers le consommateur. La publicité consiste plutôt à tirer (« *pull* ») le consommateur vers le produit. Grâce à ses actions publicitaires, l'entreprise espère que le consommateur viendra de son plein gré acheter son produit.

15. Un détaillant achète :
- ☒ **a.** en gros (et vend au détail).

16. Vous vendez des parfums. Quel critère de segmentation convient en priorité ?
- ☒ **c.** Le sexe

17. Supprimez l'intrus.

chèque, espèces, ~~facture~~, carte bancaire, prélèvement automatique

La facture est un document comptable d'une somme à payer. Ce n'est pas un moyen de paiement.

18. Comment s'appelle l'écrit du contrat d'assurance?
Une police.

19. Écrivez le mot manquant.
Je vous en remercie *par avance*.

20. « Nous avons procédé ce jour à l'expédition des marchandises. » Simplifiez cette phrase. Écrivez sept mots.
Nous avons expédié ce jour les marchandises.

21. Il y a un mot de trop dans la phrase suivante. Supprimez-le.
Il suffit ~~simplement~~ de remplir le formulaire ci-joint.

22. Écrivez le mot opposé.
– Un acheteur ≠ *Un vendeur*
– Un grossiste ≠ *Un détaillant*

23. Complétez le mot opposé.
– Une dette ≠ *Une créance*
– Un créancier ≠ *Un débiteur*
– Une perte ≠ *Un bénéfice*
– L'actif ≠ *Le passif*

24. M. Bic tient un magasin de jeux vidéo. Il a commandé 20 consoles de jeux. Il en a reçu 19. Que doit-il écrire sur le bon de livraison?
☒ **b.** Livraison incomplète.

25. L'une des consoles que M. Bic a reçues présente un léger défaut: elle est rayée sur le côté. S'il garde le produit, que peut-il demander au fournisseur?
☒ **c.** Un rabais.

26. La nuit dernière, le véhicule de votre entreprise a été volé. Que faites-vous?
☒ **b.** Je déclare le sinistre.

27. Chaque année, M. Bic fait établir un document comptable décrivant la situation patrimoniale de son entreprise au 31 décembre. Comment s'appelle ce document?
☒ **a.** Un bilan.

28. Une entreprise qui fait un gros chiffre d'affaires:
☒ **c.** peut faire des pertes (notamment si les dépenses sont supérieures aux ventes).

29. Le capital social fait-il partie des capitaux propres de l'entreprise?
☒ **a.** Oui.

30. La mondialisation a permis d'ouvrir les frontières et les marchés. Quel marché est aujourd'hui le plus ouvert?
☒ **d.** Le marché des capitaux.

Lequel est *de loin* le plus ouvert, le marché du travail étant de loin le plus fermé.

Imprimé en France par EPAC Technologies
N° d'impression : 4550414331219
Dépôt légal : janvier 2018